Smakrik Asien

En Kulinarisk Resa

Mai Trinh

Innehåll

för 4 personer

30 ml/2 matskedar jordnötsolja (jordnötter)

5 ml/1 tsk salt

2 vitlöksklyftor, krossade

1 pund/450 g kyckling, skuren i tärningar

300 ml/½ pt/1¼ kopp kycklingfond

120 ml/4 oz/½ kopp ketchup

15 ml/1 msk majsmjöl (majsstärkelse)

4 vårlökar (grön lök), skivade

Hetta upp oljan med salt och vitlök tills vitlöken är lätt gyllene. Tillsätt kycklingen och fräs tills den fått lite färg. Tillsätt det mesta av fonden, låt koka upp, täck och låt sjuda i cirka 15 minuter tills kycklingen är mör. Rör ner den återstående buljongen i ketchupen och majsmjölet och rör ner i pannan. Koka på låg värme under omrörning tills såsen tjocknar och blir klar. Om såsen är för tunn, låt puttra i några minuter tills den har reducerats. Tillsätt gräslöken och låt puttra i 2 minuter innan servering.

för 4 personer

8 oz/225 g tärnad kyckling

15 ml/1 msk majsmjöl (majsstärkelse)

15 ml/1 msk sojasås

15 ml/1 msk risvin eller torr sherry

45 ml/3 msk jordnötsolja

1 hackad lök

60 ml/4 msk kycklingfond

5 ml/1 tsk salt

5 ml/1 tsk socker

2 tomater, skalade och tärnade

Kasta kycklingen med majsmjöl, soja och vin eller sherry och låt stå i 30 minuter. Hetta upp oljan och stek kycklingen tills den får färg. Tillsätt löken och fräs tills den mjuknat. Tillsätt fond, salt och socker, låt koka upp och rör försiktigt på svag värme tills kycklingen är genomstekt. Tillsätt tomaterna och rör om tills de är genomvärmda.

Pocherad kyckling med tomater

för 4 personer

4 portioner kyckling

4 tomater, skalade och skurna i fjärdedelar

15 ml/1 msk risvin eller torr sherry

15 ml/1 msk jordnötsolja

salt

Lägg kycklingen i en kastrull och täck med kallt vatten. Koka upp, täck och koka på låg värme i 20 minuter. Tillsätt tomater, vin eller sherry, olja och salt, täck över och låt sjuda i ytterligare 10 minuter tills kycklingen är genomstekt. Lägg upp kycklingen på en varm serveringsfat och skär i portionsbitar. Värm såsen igen och häll över kycklingen till servering.

Kyckling och tomater med svartbönsås

för 4 personer

45 ml/3 msk jordnötsolja

1 vitlöksklyfta, krossad

45 ml/3 msk svartbönsås

8 oz/225 g tärnad kyckling

15 ml/1 msk risvin eller torr sherry

5 ml/1 tsk socker

15 ml/1 msk sojasås

90 ml/6 matskedar kycklingfond

3 tomater, skalade och skurna i fjärdedelar

10 ml/2 tsk majsmjöl (majsstärkelse)

45 ml/3 msk vatten

Hetta upp oljan och fräs vitlöken i 30 sekunder. Tillsätt den svarta bönsåsen och fräs i 30 sekunder, tillsätt sedan kycklingen och rör om tills den är väl täckt med olja. Tillsätt vin eller sherry, socker, soja och fond, låt koka upp, täck och låt sjuda i ca 5 minuter tills kycklingen är genomstekt. Blanda majsmjöl och vatten till en pasta, lägg i grytan och låt sjuda under omrörning tills såsen tunnar ut och tjocknar.

för 4 personer

1 äggvita

2 oz/50 g majsmjöl (majsstärkelse)

8 oz/225 g kycklingbröst, skurna i strimlor

75 ml/5 matskedar jordnötsolja (jordnötter)

7 oz/200 g bambuskott, skurna i strimlor

50 g/2 oz böngroddar

1 grön paprika, skuren i strimlor

3 vårlökar (grön lök), skivade

1 skiva ingefära, hackad

1 vitlöksklyfta, hackad

15 ml/1 msk risvin eller torr sherry

Vispa ihop äggvitan och majsmjölet och doppa sedan kycklingstrimlorna i blandningen. Värm oljan till måttlig temperatur och stek kycklingen i några minuter tills den är genomstekt. Ta bort från pannan och låt rinna av väl. Tillsätt bambuskott, böngroddar, paprika, lök, ingefära och vitlök i pannan och fräs i 3 minuter. Tillsätt vinet eller sherryn och lägg tillbaka kycklingen i pannan. Blanda väl och värm innan servering.

kyckling med nötter

för 4 personer

45 ml/3 msk jordnötsolja

2 salladslökar (grön lök), hackad

1 skiva ingefära, hackad

1 lb/450 g kycklingbröst, mycket tunt skivad

2 oz/50 g skinka, smulad

30 ml/2 matskedar sojasås

30 ml/2 msk risvin eller torr sherry

5 ml/1 tsk socker

5 ml/1 tsk salt

4 oz/100 g/1 kopp hackade valnötter

Hetta upp oljan och fräs löken och ingefäran i 1 minut. Tillsätt kycklingen och skinkan och fräs i 5 minuter tills det nästan är genomstekt. Tillsätt sojasås, vin eller sherry, socker och salt och fräs i 3 minuter. Tillsätt nötterna och fräs i 1 minut tills ingredienserna är väl kombinerade.

för 4 personer

4 oz/100 g/1 kopp skalade valnötter, halverade

frityrolja

45 ml/3 msk jordnötsolja

2 skivor ingefära, hackad

8 oz/225 g tärnad kyckling

4 oz/100 g bambuskott, skivade

75 ml/5 msk kycklingfond

Förbered nötterna, hetta upp oljan och stek nötterna gyllenbruna och låt dem rinna av väl. Hetta upp jordnötsoljan och fräs ingefäran i 30 sekunder. Tillsätt kycklingen och fräs tills den fått lite färg. Tillsätt resterande ingredienser, låt koka upp och låt sjuda under omrörning tills kycklingen är genomstekt.

Kyckling med vattenkastanjer

för 4 personer

45 ml/3 msk jordnötsolja

2 vitlöksklyftor, krossade

2 salladslökar (grön lök), hackad

1 skiva ingefära, hackad

8 oz/225 g kycklingbröst, skuren i strimlor

4 oz/100 g vattenkastanjer, skivade

45 ml/3 msk sojasås

15 ml/1 msk risvin eller torr sherry

5 ml/1 tesked majsmjöl (majsstärkelse)

Hetta upp oljan och fräs vitlök, vårlök och ingefära tills de fått lite färg. Tillsätt kycklingen och fräs i 5 minuter. Tillsätt vattenkastanjerna och bryn i 3 minuter. Tillsätt sojasås, vin eller sherry och majsmjöl och fräs i ca 5 minuter tills kycklingen är genomstekt.

för 4 personer

30 ml/2 matskedar jordnötsolja (jordnötter)

4 bitar kyckling

3 salladslökar (grön lök), hackad

2 vitlöksklyftor, krossade

1 skiva ingefära, hackad

250 ml/8 oz/1 kopp sojasås

30 ml/2 msk risvin eller torr sherry

30 ml/2 msk farinsocker

5 ml/1 tsk salt

375 ml/13 fl oz/1¼ kopp vatten

8 oz/225 g vattenkastanjer, skivade

15 ml/1 msk majsmjöl (majsstärkelse)

Hetta upp oljan och stek kycklingbitarna gyllenbruna. Tillsätt vårlöken, vitlöken och ingefäran och fräs i 2 minuter. Tillsätt sojasås, vin eller sherry, socker och salt och blanda väl. Tillsätt vattnet och låt koka upp, täck och låt sjuda i 20 minuter. Tillsätt vattenkastanjerna, täck över och koka i ytterligare 20 minuter. Blanda majsmjölet med lite vatten, rör ner i såsen och låt sjuda under omrörning tills såsen tunnar ut och tjocknar.

kyckling ravioli

för 4 personer

4 torkade kinesiska svampar

1 pund / 450 g strimlat kycklingbröst

8 oz/225 g blandade grönsaker, hackade

1 vårlök (grön lök), hackad

15 ml/1 msk sojasås

2,5 ml/½ tesked salt

40 wonton skinn

1 uppvispat ägg

Blötlägg svampen i ljummet vatten i 30 minuter, låt sedan rinna av. Kassera stjälkarna och hacka locken. Blanda med kyckling, grönsaker, soja och salt.

För att vika wontons, håll skalet i din vänstra hand och häll lite fyllning i mitten. Fukta kanterna med ägg och vik skalet till en triangel, försegla kanterna. Fukta hörnen med ägget och vänd på dem.

Koka upp en kastrull med vatten. Bred ut wontons och låt sjuda i cirka 10 minuter tills de flyter ovanpå.

Krispiga kycklingvingar

för 4 personer

2 pund/900 g kycklingvingar

60 ml/4 msk risvin eller torr sherry

60 ml/4 matskedar sojasås

50 g/2 oz/½ kopp majsmjöl (majsstärkelse)

jordnötsolja (jordnöts) för stekning

Lägg kycklingvingarna i en skål. Kombinera resterande ingredienser och häll över kycklingvingarna, rör om väl för att täcka med sås. Täck och låt sitta i 30 minuter. Hetta upp oljan och stek kycklingen lite i taget tills den är genomstekt och mörkbrun. Låt rinna av väl på hushållspapper och håll varmt medan du steker resten av kycklingen.

Five Spice Chicken Wings

för 4 personer

30 ml/2 matskedar jordnötsolja (jordnötter)

2 vitlöksklyftor, krossade

1 pund/450 g kycklingvingar

250 ml/8 fl oz/1 kopp kycklingbuljong

30 ml/2 matskedar sojasås

5 ml/1 tsk socker

5 ml/1 tsk pulver med fem kryddor

Hetta upp olja och vitlök tills vitlöken är lätt brynt. Tillsätt kycklingen och stek tills den fått lite färg. Tillsätt resten av ingredienserna, rör om väl och låt koka upp. Täck över och låt sjuda i cirka 15 minuter tills kycklingen är genomstekt. Ta av locket och fortsätt koka på låg värme, rör om då och då, tills det mesta av vätskan har avdunstat. Servera varm eller kall.

Marinerade kycklingvingar

för 4 personer

45 ml/3 msk sojasås

45 ml/3 msk risvin eller torr sherry

30 ml/2 msk farinsocker

5 ml/1 tsk riven ingefärsrot

2 vitlöksklyftor, krossade

6 vårlökar (grön lök), skivade

1 pund/450 g kycklingvingar

30 ml/2 matskedar jordnötsolja (jordnötter)

8 oz/225 g bambuskott, skivade

20 ml/4 teskedar majsmjöl (majsstärkelse)

6 fl oz/175 ml/¾ kopp kycklingbuljong

Blanda soja, vin eller sherry, socker, ingefära, vitlök och gräslök. Tillsätt kycklingvingarna och rör om till beläggning. Täck över och låt stå i 1 timme, rör om då och då. Hetta upp oljan och stek bambuskotten i 2 minuter. Ta bort dem från pannan. Låt kycklingen och löken rinna av, spara marinaden. Hetta upp oljan och fräs kycklingen tills den fått färg på alla sidor. Täck över och koka i ytterligare 20 minuter tills kycklingen är mör. Blanda majsstärkelse med buljong och reserverad marinad. Häll över kycklingen och låt koka upp under omrörning tills såsen tjocknar. Tillsätt bambuskotten och låt sjuda under omrörning i ytterligare 2 minuter.

riktiga kycklingvingar

för 4 personer

12 kycklingvingar

250 ml/8 fl oz/1 kopp jordnötsolja

15 ml/1 msk strösocker

2 vårlökar (grön lök), skuren i bitar

5 skivor ingefärarot

5 ml/1 tsk salt

45 ml/3 msk sojasås

250 ml/8 fl oz/1 kopp risvin eller torr sherry

250 ml/8 fl oz/1 kopp kycklingbuljong

10 skivor bambuskott

15 ml/1 msk majsmjöl (majsstärkelse)

15 ml/1 msk vatten

2,5 ml/½ tesked sesamolja

Blanchera kycklingvingarna i kokande vatten i 5 minuter och låt dem rinna av väl. Hetta upp oljan, tillsätt sockret och rör tills det smält och gyllene. Tillsätt kyckling, salladslök, ingefära, salt, soja, vin och buljong, låt koka upp och låt sjuda i 20 minuter. Tillsätt bambuskotten och låt sjuda i 2 minuter eller tills vätskan nästan är helt avdunstat. Blanda majsmjölet

med vattnet, rör ner det i grytan och rör tills det tjocknar.
Överför kycklingvingarna till en varm serveringsfat och
servera översållad med sesamolja.

för 4 personer

30 ml/2 matskedar jordnötsolja (jordnötter)

5 ml/1 tsk salt

2 vitlöksklyftor, krossade

2 pund/900 g kycklingvingar

30 ml/2 msk risvin eller torr sherry

30 ml/2 matskedar sojasås

30 ml/2 msk tomatpuré (pasta)

15 ml/1 msk Worcestershiresås

Hetta upp olja, salt och vitlök och fräs tills vitlöken blir ljust gyllenbrun. Lägg i kycklingvingarna och stek, rör om ofta, i cirka 10 minuter tills de är gyllene och nästan genomstekta. Tillsätt resten av ingredienserna och fräs i ca 5 minuter tills kycklingen är knaprig och genomstekt.

Grilla kycklingben

för 4 personer

16 kycklinglår

30 ml/2 msk risvin eller torr sherry

30 ml/2 msk vinäger

30 ml/2 matskedar olivolja

salt och nymalen peppar

120 ml/4 oz/½ kopp apelsinjuice

30 ml/2 matskedar sojasås

30 ml/2 matskedar honung

15 ml/1 matsked citronsaft

2 skivor ingefära, hackad

120 ml/4 oz/½ kopp varm sås

Blanda alla ingredienser utom varm sås, täck över och marinera i kylen över natten. Ta bort kycklingen från marinaden och grilla eller stek (på grill) i cirka 25 minuter, vänd och tråckla med varm sås medan den tillagas.

för 4 personer

8 kycklinglår

600 ml/1 pt/2½ dl kycklingbuljong

salt och nymalen peppar

250 ml/8 oz/1 kopp hoisinsås

2 msk/30 ml vanligt (all-purpose) mjöl

2 vispade ägg

4 oz/100 g/1 kopp ströbröd

frityrolja

Lägg klubborna och fonden i en kastrull, låt koka upp, täck över och låt sjuda i 20 minuter tills de är kokta. Ta ut kycklingen från pannan och torka den på hushållspapper. Lägg kycklingen i en skål och smaka av med salt och peppar. Häll i hoisinsåsen och marinera i 1 timme. Dränera. Muddra kycklingen i mjöl, täck sedan med ägg och ströbröd, sedan igen med ägg och ströbröd. Hetta upp oljan och stek kycklingen i ca 5 minuter tills den är gyllenbrun. Låt rinna av på absorberande papper och servera varm eller kall.

För 4 till 6 personer

75 ml/5 matskedar jordnötsolja (jordnötter)

1 kyckling

3 vårlökar (grön lök), skivade

3 skivor ingefärarot

120 ml/½ kopp sojasås

30 ml/2 msk risvin eller torr sherry

5 ml/1 tsk socker

Hetta upp oljan och stek kycklingen tills den är gyllenbrun. Tillsätt salladslöken, ingefäran, sojasåsen och vinet eller sherryen och låt koka upp. Täck över och låt sjuda i 30 minuter, vänd då och då. Tillsätt sockret, täck och låt sjuda i ytterligare 30 minuter tills kycklingen är genomstekt.

för 4 personer

1 kyckling

salt

30 ml/2 msk risvin eller torr sherry

3 salladslökar (grön lök), hackad

1 skiva ingefärarot

30 ml/2 matskedar sojasås

30 ml/2 matskedar socker

5 ml/1 tsk hela kryddnejlika

5 ml/1 tsk salt

5 ml/1 tsk pepparkorn

150 ml/¼ pt/½ kopp generös kycklingfond

frityrolja

1 sallad, strimlad

4 tomater, skivade

½ gurka, skivad

Gnid in kycklingen med salt och låt stå i 3 timmar. Skölj och
lägg i en behållare. Tillsätt vin eller sherry, ingefära, soja,
socker, kryddnejlika, salt, pepparkorn och fond och blanda väl.
Lägg skålen i en ångkokare, täck över och ånga i ca 2 ¼

timmar tills kycklingen är helt genomstekt. Dränera. Värm oljan tills den ryker, tillsätt sedan kycklingen och stek tills den är gyllenbrun. Stek i ytterligare 5 minuter, ta sedan bort från oljan och låt rinna av. Skär i klyftor och lägg på ett varmt serveringsfat. Toppa med sallad, tomater och gurka och servera med en dippsås med salt och peppar.

5 portioner

1 kyckling

10 ml/2 tsk salt

15 ml/1 msk risvin eller torr sherry

2 vårlökar (grön lök), halverad

3 skivor ingefära rot, skuren i strimlor

frityrolja

Torka kycklingen och gnugga skinnet med salt och vin eller sherry. Lägg gräslöken och ingefäran i hålet. Häng kycklingen att torka på en sval plats i ca 3 timmar. Hetta upp oljan och lägg kycklingen i en stekkorg. Sänk försiktigt ner i oljan och tråckla hela tiden in- och utvändigt tills kycklingen är lätt brynt. Ta bort från oljan och låt svalna något medan du återuppvärmer oljan. Stek igen tills de är gyllenbruna. Låt rinna av väl och skär sedan i bitar.

fem kryddor kyckling

För 4 till 6 personer

1 kyckling

120 ml/½ kopp sojasås

2,5 cm / 1 bit hackad ingefärarot

1 vitlöksklyfta, krossad

15 ml/1 msk five spice pulver

30 ml/2 msk risvin eller torr sherry

30 ml/2 matskedar honung

2,5 ml/½ tesked sesamolja

frityrolja

30 ml/2 matskedar salt

5 ml/1 tsk nymalen peppar

Lägg kycklingen i en stor kastrull och fyll den till mitten av låret med vatten. Spara 15 ml/1 msk sojasås och tillsätt resten i pannan med ingefära, vitlök och hälften av femkryddspulvret. Koka upp, täck och koka på låg värme i 5 minuter. Stäng av värmen och låt kycklingen stå i vattnet tills vattnet är ljummet. Dränera.

Halvera kycklingen på längden och lägg med snittsidan nedåt i en långpanna. Blanda den återstående sojasåsen och femkryddspulvret med vin eller sherry, honung och sesamolja. Gnid blandningen över kycklingen och låt stå i 2 timmar, pensla då och då med blandningen. Hetta upp oljan och stek kycklinghalvorna i cirka 15 minuter tills de är gyllene och genomstekta. Låt rinna av på hushållspapper och skär i portionsstorlekar.

Blanda under tiden salt och peppar och värm i en torr panna i ca 2 minuter. Servera som dipp till kycklingen.

för 4 personer

1 kyckling

2 skivor ingefära rot, skuren i strimlor

salt och nymalen peppar

90 ml/4 matskedar jordnötsolja

8 vårlökar (grön lök), finhackad

10 ml/2 tsk vitvinsvinäger

5 ml/1 tsk sojasås

Lägg kycklingen i en stor kastrull, tillsätt hälften av ingefäran och häll i tillräckligt med vatten för att nästan täcka kycklingen. Krydda med salt och peppar. Koka upp, täck och låt sjuda i cirka 1 timme och 15 minuter tills de är mjuka. Låt kycklingen stå i buljongen tills den svalnat. Låt kycklingen rinna av och kyl tills den är kall. Skär i portioner.

Riv resterande ingefära och blanda med olja, vårlök, vinäger och soja, salt och peppar. Kyl i 1 timme. Lägg upp kycklingbitarna i en serveringsskål och häll ingefäravinägretten över dem. Servera med ångat ris.

för 4 personer

1 kyckling

1,2 l/2 poäng/5 dl kycklingbuljong eller vatten

30 ml/2 msk risvin eller torr sherry

4 salladslökar (grön lök), hackad

1 skiva ingefärarot

5 ml/1 tsk salt

Lägg kycklingen i en stor kastrull med alla resterande ingredienser. Buljongen eller vattnet ska komma upp till mitten av låret. Koka upp, täck och låt sjuda i ca 1 timme tills kycklingen är genomstekt. Häll av, reservera buljongen för soppor.

Röd kokt kyckling

för 4 personer

1 kyckling

250 ml/8 oz/1 kopp sojasås

Lägg kycklingen i en kastrull, häll sojasåsen över och fyll på med vatten så att kycklingen nästan täcks. Koka upp, täck och låt sjuda i ca 1 timme tills kycklingen är genomstekt, vänd då och då.

Rödkokt kryddad kyckling

för 4 personer

2 skivor ingefärarot

2 vårlökar (grön lök)

1 kyckling

3 stjärnanis nejlikor

½ kanelstång

15 ml/1 msk Sichuan pepparkorn

75 ml/5 matskedar sojasås

75 ml/5 msk risvin eller torr sherry

75 ml/5 msk sesamolja

15 ml/1 matsked socker

Lägg ingefäran och salladslöken i kycklinghålan och lägg kycklingen i en kastrull. Bind stjärnanis, kanel och pepparkorn i muslin och lägg i pannan. Häll över sojasås, vin eller sherry och sesamolja. Koka upp, täck och låt koka på låg värme i ca 45 minuter. Tillsätt sockret, täck och låt sjuda i ytterligare 10 minuter tills kycklingen är genomstekt.

Grillad sesamkyckling

för 4 personer

2 ounce/50g sesamfrön

1 lök, finhackad

2 vitlöksklyftor, hackade

10 ml/2 tsk salt

1 torkad röd paprika, krossad

nypa mald kryddnejlika

2,5 ml/½ tesked mald kardemumma

2,5 ml/½ tesked mald ingefära

75 ml/5 matskedar jordnötsolja (jordnötter)

1 kyckling

Blanda alla kryddor och olja och pensla över kycklingen. Lägg den i en ugnsform och tillsätt 30 ml/2 msk vatten i formen. Rosta i en förvärmd ugn vid 180°C/350°F/gasnivå 4 i cirka 2 timmar, tråckla och vänd kycklingen då och då, tills den är gyllenbrun och genomstekt. Tillsätt lite mer vatten, om det behövs, för att förhindra att det bränns.

För 4 till 6 personer

300 ml/½ pt/1 ¼ kopp sojasås

300 ml/½ pt/1 ¼ koppar risvin eller torr sherry

1 hackad lök

3 skivor ingefära rot, hackad

50 g/2 oz/¼ kopp socker

1 kyckling

15 ml/1 msk majsmjöl (majsstärkelse)

60 ml/4 msk vatten

1 gurka, skalad och skivad

30 ml/2 matskedar hackad färsk persilja

Blanda sojasås, vin eller sherry, lök, ingefära och socker i en kastrull och låt koka upp. Tillsätt kycklingen, koka upp igen, täck och låt sjuda i 1 timme, vänd på kycklingen då och då, tills den är genomstekt. Lägg över kycklingen på en varm serveringsfat och skiva. Häll i allt utom 8 fl oz/250 ml/1 kopp matlagningsvätska och koka upp igen. Blanda majsmjöl och vatten till en pasta, lägg i grytan och låt sjuda under omrörning tills såsen tunnar ut och tjocknar. Bred lite av såsen över

kycklingen och garnera kycklingen med gurka och persilja.
Servera resten av såsen separat.

ångad kyckling

för 4 personer

1 kyckling

45 ml/3 msk risvin eller torr sherry

salt

2 skivor ingefärarot

2 vårlökar (grön lök)

250 ml/8 fl oz/1 kopp kycklingbuljong

Lägg kycklingen i en ugnssäker skål och gnid in den med vin
eller sherry och salt och lägg ingefäran och salladslöken i
hålet. Ställ skålen på ett galler i en ångkokare, täck över och
ånga över kokande vatten i ca 1 timme tills den är genomstekt.
Servera varm eller kall.

Ångad kyckling med anis

för 4 personer

250 ml/8 oz/1 kopp sojasås

250 ml/8 fl oz/1 kopp vatten

15 ml/1 msk farinsocker

4 stjärnanis nejlikor

1 kyckling

Blanda soja, vatten, socker och anis i en kastrull och låt koka upp på låg värme. Lägg kycklingen i en skål och tråckla blandningen väl inifrån och ut. Värm blandningen igen och upprepa. Lägg kycklingen i en ugnssäker behållare. Ställ skålen på ett galler i en ångkokare, täck över och ånga över kokande vatten i ca 1 timme tills den är genomstekt.

konstigt smakande kyckling

för 4 personer

1 kyckling

5 ml/1 tsk hackad ingefärarot

5 ml/1 tsk hackad vitlök

45 ml/3 msk tjock sojasås

5 ml/1 tsk socker

2,5 ml/½ tesked vinäger

10 ml/2 tsk sesamsås

5 ml/1 tsk nymalen peppar

10 ml/2 tsk chiliolja

½ sallad, strimlad

15 ml/1 msk hackad färsk koriander

Lägg kycklingen i en kastrull och fyll den med vatten upp till mitten av kycklinglåren. Koka upp, täck och låt sjuda i ca 1 timme tills kycklingen är mör. Ta bort från pannan och låt rinna av väl och blötlägg i isvatten tills köttet är helt kallt. Låt rinna av väl och skär i 5 cm/2 bitar. Blanda alla resterande ingredienser och häll över kycklingen. Servera garnerad med sallad och koriander.

för 4 personer

4 oz/100 g vanligt mjöl (all-purpose)

nypa salt

15 ml/1 msk vatten

1 ägg

12 oz/350 g kokt kyckling, skuren i tärningar

frityrolja

Blanda mjöl, salt, vatten och ägg tills du har en ganska tjock deg, tillsätt eventuellt lite vatten. Doppa kycklingbitarna i smeten tills de är väl täckta. Hetta upp oljan tills den är väldigt varm och stek kycklingen i några minuter tills den är knaprig och gyllene.

Kyckling med gröna bönor

för 4 personer

45 ml/3 msk jordnötsolja

1 pund / 450 g kokt kyckling, strimlad

5 ml/1 tsk salt

2,5 ml/½ tesked nymalen peppar

8 oz/225 g gröna bönor, skurna i bitar

1 stjälk selleri, skuren diagonalt

8 oz/225 g svamp, skivad

250 ml/8 fl oz/1 kopp kycklingbuljong

30 ml/2 matskedar majsmjöl (majsstärkelse)

60 ml/4 msk vatten

10 ml/2 tsk sojasås

Hetta upp oljan och bryn kycklingen, salta och peppra tills den fått lite färg. Tillsätt bönorna, sellerin och svampen och blanda väl. Tillsätt fonden, låt koka upp, täck över och låt sjuda i 15 minuter. Blanda majsmjöl, vatten och soja till en pasta, lägg i pannan och låt sjuda under omrörning tills såsen tunnar ut och tjocknar.

för 4 personer

45 ml/3 msk jordnötsolja

8 oz/225 g kokt kyckling, tärnad

salt och nymalen peppar

2 stjälkar selleri, skurna diagonalt

3 skivor ananas, skuren i bitar

120 ml/4 fl oz/½ kopp kycklingbuljong

15 ml/1 msk sojasås

10 ml/2 matskedar majsmjöl (majsstärkelse)

30 ml/2 msk vatten

Hetta upp oljan och stek kycklingen tills den fått lite färg. Krydda med salt och peppar, tillsätt sellerin och bryn i 2 minuter. Tillsätt ananas, fond och sojasås och rör om i några minuter tills det är genomvärmt. Blanda majsmjöl och vatten till en pasta, lägg i grytan och låt sjuda under omrörning tills såsen tunnar ut och tjocknar.

Kyckling med paprika och tomater

för 4 personer

45 ml/3 msk jordnötsolja

1 pund / 450 g kokt kyckling, skivad

10 ml/2 tsk salt

5 ml/1 tsk nymalen peppar

1 grön paprika, skuren i bitar

4 stora tomater, skalade och skurna i fjärdedelar

250 ml/8 fl oz/1 kopp kycklingbuljong

30 ml/2 matskedar majsmjöl (majsstärkelse)

15 ml/1 msk sojasås

120 ml/4 oz/½ kopp vatten

Hetta upp oljan och bryn kycklingen, salta och peppra tills den är gyllenbrun. Tillsätt paprikan och tomaterna. Häll i buljongen, låt koka upp, täck över och låt sjuda i 15 minuter. Blanda majsmjöl, soja och vatten till en pasta, lägg i pannan och låt sjuda under omrörning tills såsen tunnar ut och tjocknar.

för 4 personer

1 lb/450 g kokt kyckling, skuren i strimlor

2 skivor ingefära, finhackad

1 vårlök (gräslök), finhackad

salt och nymalen peppar

60 ml/4 msk risvin eller torr sherry

60 ml/4 msk sesamolja

10 ml/2 tsk socker

5 ml/1 tesked vinäger

150 ml/¼ pt/½ kopp generös sojasås

Lägg upp kycklingen på ett serveringsfat och strö över ingefära, gräslök, salt och peppar. Blanda vin eller sherry, sesamolja, socker, vinäger och soja. Häll över kycklingen.

Friterade kycklingar

för 4 personer

2 kycklingar, halverade

45 ml/3 msk sojasås

45 ml/3 msk risvin eller torr sherry

120 ml / 4 fl oz / ½ kopp jordnötsolja

1 vårlök (gräslök), finhackad

30 ml/2 msk kycklingfond

10 ml/2 tsk socker

5 ml/1 tsk chiliolja

5 ml/1 tsk vitlökspasta

salt och peppar

Lägg kycklingarna i en skål. Blanda sojasås och vin eller sherry, häll över kycklingarna, täck över och marinera i 2 timmar, tråckla ofta. Hetta upp oljan och stek kycklingarna i cirka 20 minuter tills de är genomstekta. Ta bort dem från pannan och hetta upp oljan. Lägg tillbaka dem i pannan och stek tills de är gyllenbruna. Tappa av det mesta av oljan. Blanda resten av ingredienserna, lägg i pannan och värm snabbt. Häll över poussinerna innan servering.

för 4 personer

60 ml/4 msk jordnötsolja

2 salladslökar (grön lök), hackad

2 vitlöksklyftor, krossade

1 skiva ingefära, hackad

8 oz/225 g kalkonbröst, skuren i strimlor

8 oz/225 g snöärter

4 oz/100 g bambuskott, skurna i strimlor

2 oz/50 g vattenkastanjer, skurna i strimlor

45 ml/3 msk sojasås

15 ml/1 msk risvin eller torr sherry

5 ml/1 tsk socker

5 ml/1 tsk salt

15 ml/1 msk majsmjöl (majsstärkelse)

Hetta upp 3 msk/45 ml olja och fräs vårlöken, vitlöken och ingefäran tills de är lätt gyllene. Tillsätt kalkonen och fräs i 5 minuter. Ta bort från pannan och ställ åt sidan. Hetta upp den återstående oljan och stek snöärtorna, bambuskotten och vattenkastanjerna i 3 minuter. Tillsätt sojasås, vin eller sherry, socker och salt och lägg tillbaka kalkonen i pannan. Bryn i 1 minut. Blanda majsmjölet med lite vatten, häll det i kastrullen och låt koka på svag värme under omrörning tills såsen tunnar ut och tjocknar.

kalkon med paprika

för 4 personer

4 torkade kinesiska svampar

30 ml/2 matskedar jordnötsolja (jordnötter)

1 bok choy, skuren i strimlor

12 oz/350 g rökt kalkon, skuren i strimlor

1 lök, skivad

1 röd paprika, skuren i strimlor

1 grön paprika, skuren i strimlor

120 ml/4 fl oz/½ kopp kycklingbuljong

30 ml/2 msk tomatpuré (pasta)

45 ml/3 msk vinäger

30 ml/2 matskedar sojasås

15 ml/1 msk hoisinsås

10 ml/2 tsk majsmjöl (majsstärkelse)

några droppar chiliolja

Blötlägg svampen i ljummet vatten i 30 minuter, låt sedan rinna av. Släng stjälkarna och skär kapsylerna i strimlor. Hetta upp hälften av oljan och fräs kålen i cirka 5 minuter eller tills den är genomstekt. Ta bort från formen. Tillsätt kalkonen och bryn i 1 minut. Tillsätt grönsakerna och bryn i 3 minuter.

Blanda buljongen med tomatpurén, vinägern och såserna och lägg i pannan med kålen. Blanda majsmjölet med lite vatten, rör ner i pannan och låt koka upp under omrörning. Ringla över chiliolja och låt koka på låg värme i 2 minuter under konstant omrörning.

Kinesisk stekt kalkon

För 8 till 10 personer

1 liten kalkon

600ml/1pt/2½ koppar varmt vatten

10 ml/2 tsk kryddpeppar

500 ml/16 fl oz/2 koppar sojasås

5 ml/1 tsk sesamolja

10 ml/2 tsk salt

45 ml/3 msk smör

Lägg kalkonen i en kastrull och häll varmt vatten över den. Tillsätt resten av ingredienserna förutom smöret och låt stå i 1 timme, vänd flera gånger. Ta bort kalkonen från vätskan och pensla med smör. Lägg i en långpanna, täck lätt med kökshandduk och rosta i en förvärmd ugn vid 160°C/325°F/gasnivå 3 i cirka 4 timmar, tråckla då och då med den rinnande sojasåsen. Ta bort folien och låt skinnet få färg under de sista 30 minuterna av tillagningen.

Kalkon med nötter och svamp

för 4 personer

1 lb/450 g kalkonbröstfilé

salt och peppar

juice av 1 apelsin

15 ml/1 msk vanligt mjöl (all-purpose)

12 marinerade svarta valnötter med juice

5 ml/1 tesked majsmjöl (majsstärkelse)

15 ml/1 msk jordnötsolja

2 salladslökar (grön lök), hackad

8 oz/225 g svamp

45 ml/3 msk risvin eller torr sherry

10 ml/2 tsk sojasås

50g/2oz/½ kopp smör

1 ounce/25g pinjenötter

Skär kalkonen i ½/1 cm tjocka skivor. Strö över salt, peppar och apelsinjuice och strö över mjöl. Häll av och skär nötterna på mitten, spara vätskan och blanda vätskan med majsstärkelsen. Hetta upp oljan och stek kalkonen tills den är gyllenbrun. Tillsätt vårlöken och svampen och fräs i 2 minuter. Tillsätt vin eller sherry och soja och låt sjuda i 30 sekunder. Tillsätt nötterna i majsmjölsblandningen, rör sedan ner dem i grytan och låt koka upp. Tillsätt smöret i små flingor men låt inte blandningen koka. Rosta pinjenötterna i en torr panna tills de är gyllene. Överför kalkonblandningen till en varm serveringsfat och servera garnerad med pinjenötter.

Anka med bambuskott

för 4 personer

6 torkade kinesiska svampar

1 anka

2 oz/50 g rökt skinka, skuren i strimlor

4 oz/100 g bambuskott, skurna i strimlor

2 vårlökar (grön lök), skuren i strimlor

2 skivor ingefära rot, skuren i strimlor

5 ml/1 tsk salt

Blötlägg svampen i ljummet vatten i 30 minuter, låt sedan rinna av. Släng stjälkarna och skär kapsylerna i strimlor. Lägg alla ingredienser i en värmesäker skål och lägg i en kastrull till två tredjedelar fylld med vatten. Koka upp, täck och låt sjuda i ca 2 timmar tills ankan är kokt, tillsätt mer kokande vatten om det behövs.

Anka med böngroddar

för 4 personer

8 oz/225 g böngroddar

45 ml/3 msk jordnötsolja

1 lb/450 g kokt ankkött

15 ml/1 msk ostronsås

15 ml/1 msk risvin eller torr sherry

30 ml/2 msk vatten

2,5 ml/½ tesked salt

Blanchera böngroddarna i kokande vatten i 2 minuter och låt dem rinna av. Hetta upp oljan, stek böngroddarna i 30 sekunder. Tillsätt ankan, fräs tills den är genomvärmd. Tillsätt resten av ingredienserna och fräs i 2 minuter för att blanda smakerna. Servera omedelbart.

stuvad anka

för 4 personer

4 salladslökar (grön lök), hackad

1 skiva ingefära, hackad

120 ml/½ kopp sojasås

30 ml/2 msk risvin eller torr sherry

1 anka

120 ml / 4 fl oz / ½ kopp jordnötsolja

600ml/1pt/2½ koppar vatten

15 ml/1 msk farinsocker

Blanda vårlök, ingefära, soja och vin eller sherry och gnugga ankan inifrån och ut. Hetta upp oljan och stek ankan tills den fått lite färg på alla sidor. Tappa ur oljan. Tillsätt vatten och resten av sojablandningen, låt koka upp, täck och låt sjuda i 1 timme. Tillsätt sockret, täck och låt sjuda i ytterligare 40 minuter tills ankan är mjuk.

Ångad anka med selleri

för 4 personer

12 oz/350 g kokt anka, skivad

1 huvud selleri

250 ml/8 fl oz/1 kopp kycklingbuljong

2,5 ml/½ tesked salt

5 ml/1 tsk sesamolja

1 tomat, skuren i fjärdedelar

Lägg ankan på ett ånggaller. Skär sellerin i 7,5 cm långa längder och lägg dem i en stekpanna. Häll i buljongen, smaka av med salt och ställ ångkokaren över pannan. Koka upp fonden och låt sjuda i cirka 15 minuter tills sellerin är mör och ankan är genomvärmd. Lägg ankan och sellerin på en varm tallrik, ringla sellerin med sesamolja och servera garnerad med tomatskivor.

ingefära anka

för 4 personer

12 oz/350 g ankbröst, tunt skivad

1 ägg, lätt uppvispat

5 ml/1 tsk sojasås

5 ml/1 tesked majsmjöl (majsstärkelse)

5 ml/1 tsk jordnötsolja

frityrolja

2 oz/50g bambuskott

2 oz/50 g snöärter

2 skivor ingefära, hackad

15 ml/1 msk vatten

2,5 ml/½ tesked socker

2,5 ml/½ tesked risvin eller torr sherry

2,5 ml/½ tesked sesamolja

Blanda ankan med ägget, sojasåsen, majsstärkelsen och oljan och låt stå i 10 minuter. Hetta upp oljan och stek ankan och bambuskotten tills de är kokta och gyllenbruna. Ta bort från pannan och låt rinna av väl. Häll allt utom 15 ml/1 msk olja från pannan och fräs ankan, bambuskott, snöärter, ingefära, vatten, socker och vin eller sherry i 2 minuter. Servera med sesamolja.

Anka med gröna bönor

för 4 personer

1 anka

60 ml/4 msk jordnötsolja

2 vitlöksklyftor, krossade

2,5 ml/½ tesked salt

1 hackad lök

15 ml/1 msk riven ingefärsrot

45 ml/3 msk sojasås

120 ml/4 fl oz/½ kopp risvin eller torr sherry

60 ml/4 matskedar tomatsås (ketchup)

45 ml/3 msk vinäger

300 ml/½ pt/1¼ kopp kycklingfond

1 pund/450 g gröna bönor, skivade

nypa nymalen peppar

5 droppar chiliolja

15 ml/1 msk majsmjöl (majsstärkelse)

30 ml/2 msk vatten

Skär ankan i 8 eller 10 bitar. Hetta upp oljan och stek ankan tills den är gyllenbrun. Överför till en skål. Tillsätt vitlök, salt, lök, ingefära, sojasås, vin eller sherry, tomatsås och vinäger. Blanda, täck och marinera i kylen i 3 timmar.

Hetta upp oljan, tillsätt ankan, fonden och marinaden, låt koka upp, täck och låt sjuda i 1 timme. Tillsätt bönorna, täck över och låt sjuda i 15 minuter. Tillsätt peppar och chiliolja. Blanda majsmjölet med vattnet, häll det i kastrullen och koka på svag värme under omrörning tills såsen tjocknar.

ångad stekt anka

för 4 personer

1 anka

salt och nymalen peppar

frityrolja

Hoisin sås

Krydda ankan med salt och peppar och lägg i en värmesäker skål. Låt vila i en kastrull fylld med vatten upp till två tredjedelar av vägen upp, låt koka upp, täck och låt puttra i ca 1,5 timme tills ankan är mjuk. Häll av och låt svalna.

Hetta upp oljan och stek ankan tills den är knaprig och gyllene. Ta bort och låt rinna av väl. Skär i små bitar och servera med hoisinsås.

Anka med exotiska frukter

för 4 personer

4 ankbröst skurna i strimlor

2,5 ml/½ tesked pulver med fem kryddor

30 ml/2 matskedar sojasås

15 ml/1 msk sesamolja

15 ml/1 msk jordnötsolja

3 stjälkar selleri, tärnade

2 skivor ananas, tärnad

100 g/4 oz tärnad melon

4 oz/100 g litchi, halverad

130 ml/4 fl oz/½ kopp kycklingbuljong

30 ml/2 msk tomatpuré (pasta)

30 ml/2 msk hoisinsås

10 ml/2 tsk vinäger

nypa farinsocker

Lägg ankan i en skål. Blanda femkryddspulvret, sojasåsen och sesamoljan, häll över ankan och låt marinera i 2 timmar, rör om då och då. Hetta upp oljan och bryn ankan i 8 minuter. Ta bort från formen. Tillsätt selleri och frukt och fräs i 5 minuter. Lägg tillbaka ankan i pannan med resten av ingredienserna, låt koka upp och låt sjuda under omrörning i 2 minuter innan servering.

Bräserad anka med kinesiska blad

för 4 personer

1 anka

30 ml/2 msk risvin eller torr sherry

30 ml/2 msk hoisinsås

15 ml/1 msk majsmjöl (majsstärkelse)

5 ml/1 tsk salt

5 ml/1 tsk socker

60 ml/4 msk jordnötsolja

4 salladslökar (grön lök), hackad

2 vitlöksklyftor, krossade

1 skiva ingefära, hackad

75 ml/5 matskedar sojasås

600ml/1pt/2½ koppar vatten

8 oz/225 g krossade porslinsblad

Skär ankan i ca 6 bitar. Blanda vin eller sherry, hoisinsås, majsmjöl, salt och socker och pensla ankan. Låt vila i 1 timme.

Hetta upp oljan och fräs vårlöken, vitlöken och ingefäran i några sekunder. Tillsätt ankan och stek tills den fått lite färg på alla sidor. Häll av överflödigt fett. Häll i sojasås och vatten, låt koka upp, täck över och låt sjuda i ca 30 minuter. Tillsätt porslinsbladen, täck igen och låt sjuda i ytterligare 30 minuter tills ankan är mjuk.

berusad anka

för 4 personer

2 salladslökar (grön lök), hackad

2 vitlöksklyftor, hackade

1,5 l/2½ poäng/6 koppar vatten

1 anka

450 ml/¾ kopp/2 koppar risvin eller torr sherry

Lägg gräslöken, vitlöken och vattnet i en stor kastrull och låt koka upp. Tillsätt ankan, låt koka upp igen, täck över och låt sjuda i 45 minuter. Låt rinna av väl, spara vätskan till buljongen. Låt ankan svalna och ställ sedan i kylen över natten. Skär ankan i bitar och lägg dem i en stor burk med

skruvlock. Häll i vinet eller sherryn och ställ i kylen ca 1 vecka
innan du häller av och serverar kallt.

anka med fem kryddor

för 4 personer

150 ml/¼ pt/½ kopp generöst risvin eller torr sherry
150 ml/¼ pt/½ kopp generös sojasås
1 anka
10 ml/2 tsk fem kryddor pulver

Koka upp vinet eller sherryn och sojasåsen. Tillsätt ankan och
låt sjuda under vändning i cirka 5 minuter. Ta ut ankan från
pannan och gnid in femkryddspulvret i skalet. Lägg tillbaka
fågeln i pannan och tillsätt tillräckligt med vatten för att täcka
hälften av ankan. Koka upp, täck och låt sjuda i ca 1 1/2 timme
tills ankan är mjuk, vänd och tråckla ofta. Skär ankan i 5 cm/2
bitar och servera varm eller kall.

Anka sauterad med ingefära

för 4 personer

1 anka

2 skivor ingefära, riven

2 salladslökar (grön lök), hackad

15 ml/1 msk majsmjöl (majsstärkelse)

30 ml/2 matskedar sojasås

30 ml/2 msk risvin eller torr sherry

2,5 ml/½ tesked salt

45 ml/3 msk jordnötsolja

Ta bort köttet från benen och skär det i bitar. Blanda köttet med alla övriga ingredienser utom oljan. Låt vila i 1 timme. Hetta upp oljan och stek ankan i marinaden ca 15 minuter tills ankan är mjuk.

Anka med skinka och purjolök

för 4 personer

1 anka

1 pund/450 g rökt skinka

2 purjolök

2 skivor ingefära, hackad

45 ml/3 msk risvin eller torr sherry

45 ml/3 msk sojasås

2,5 ml/½ tesked salt

Lägg ankan i en kastrull och täck med kallt vatten. Koka upp,

täck över och koka på låg värme i cirka 20 minuter. Häll av

och reservera 450 ml/¾ pts/2 koppar buljong. Låt ankan svalna

något, ta sedan bort köttet från benen och skär det i 5 cm/2

rutor. Skär skinkan i liknande bitar. Skär långa bitar av

purjolök och rulla en skiva anka och skinka inuti bladet och

knyt med snöre. Lägg i en värmebeständig behållare. Tillsätt

ingefära, vin eller sherry, sojasås och salt till den reserverade

buljongen och häll över ankrullarna. Placera behållaren i en

kastrull fylld två tredjedelar av vägen upp på sidorna av

behållaren med vatten. Koka upp, täck och koka på svag värme
i ca 1 timme tills ankan är mjuk.

honungsstekt anka

för 4 personer

1 anka

salt

3 vitlöksklyftor, krossade

3 salladslökar (grön lök), hackad

45 ml/3 msk sojasås

45 ml/3 msk risvin eller torr sherry

45 ml/3 matskedar honung

200 ml/7 fl oz/bara 1 kopp kokande vatten

Torka ankan och gnid in den med salt inifrån och ut.
Kombinera vitlök, salladslök, sojasås och vin eller sherry och
dela sedan blandningen på mitten. Blanda honungen på mitten
och gnid på ankan och låt sedan torka. Tillsätt vattnet till den
återstående honungsblandningen. Häll sojablandningen i
ankans hålrum och lägg den på ett galler i en långpanna med
lite vatten i botten. Rosta i en förvärmd ugn vid
180°C/350°F/gasnivå 4 i cirka 2 timmar tills ankan är mjuk,

tråckla med den återstående honungsblandningen under
tillagning.

för 4 personer

6 vårlökar (grön lök), hackad

2 skivor ingefära, hackad

1 anka

2,5 ml/½ tesked mald anis

15 ml/1 matsked socker

45 ml/3 msk risvin eller torr sherry

60 ml/4 matskedar sojasås

250 ml/8 fl oz/1 kopp vatten

Lägg hälften av salladslöken och ingefäran i en stor, tung
stekpanna. Lägg resten i ankans hålrum och lägg i pannan.
Tillsätt alla återstående ingredienser utom hoisinsåsen, låt koka
upp, täck och låt sjuda i cirka 1 1/2 timme, rör om då och då.
Ta ut ankan från pannan och låt den torka i ca 4 timmar.

Lägg ankan på ett galler i en långpanna fylld med lite kallt
vatten. Rosta i en förvärmd ugn vid

230°C/450°F/gasmarkering 8 i 15 minuter, vänd sedan och rosta i ytterligare 10 minuter tills de är knapriga. Under tiden, värm upp den reserverade vätskan och häll över ankan för att servera.

Anka sauterad med svamp

för 4 personer

1 anka

75 ml/5 matskedar jordnötsolja (jordnötter)

45 ml/3 msk risvin eller torr sherry

15 ml/1 msk sojasås

15 ml/1 matsked socker

5 ml/1 tsk salt

nypa peppar

2 vitlöksklyftor, krossade

8 oz/225 g svamp, halverad

600 ml/1 pt/2½ dl kycklingbuljong

15 ml/1 msk majsmjöl (majsstärkelse)

30 ml/2 msk vatten

5 ml/1 tsk sesamolja

Skär ankan i 5 cm/2 bitar. Hetta upp 45 ml/3 msk olja och stek ankan tills den fått lite färg på alla sidor. Tillsätt vin eller sherry, soja, socker, salt och peppar och fräs i 4 minuter. Ta

bort från formen. Hetta upp den återstående oljan och fräs

vitlöken tills den är lätt gyllene. Tillsätt svampen och rör om

tills den precis är täckt med olja, häll sedan tillbaka

ankblandningen i pannan och tillsätt fonden. Koka upp, täck

och koka på svag värme i ca 1 timme tills ankan är mjuk.

Blanda majsmjöl och vatten tills du har en pasta, rör sedan ner

det i blandningen och låt sjuda under omrörning tills såsen

tjocknar. Ringla över sesamolja och servera.

Anka med två svampar

för 4 personer

6 torkade kinesiska svampar

1 anka

750 ml/1 ¼ pts/3 dl kycklingbuljong

45 ml/3 msk risvin eller torr sherry

5 ml/1 tsk salt

4 oz/100 g bambuskott, skurna i strimlor

100g/4oz svamp

Blötlägg svampen i ljummet vatten i 30 minuter, låt sedan rinna av. Kassera stjälkarna och skär topparna på mitten. Lägg ankan i en stor värmesäker skål med fond, vin eller sherry och salt och lägg i en kastrull fylld med vatten två tredjedelar av skålens sidor. Koka upp, täck och koka på svag värme i ca 2 timmar tills ankan är mjuk. Ta ur pannan och skär köttet från benet. Överför matlagningsvätskan till en separat kastrull.

Lägg bambuskotten och båda typerna av svamp i botten av
ångskålen, byt ut ankköttet, täck över och ånga i ytterligare 30
minuter. Koka upp matlagningsvätskan och häll över ankan till
servering.

Bräserad anka med lök

för 4 personer

4 torkade kinesiska svampar

1 anka

90 ml/6 matskedar sojasås

60 ml/4 msk jordnötsolja

1 vårlök (grön lök), hackad

1 skiva ingefära, hackad

45 ml/3 msk risvin eller torr sherry

1 pund/450 g lök, skivad

4 oz/100 g bambuskott, skivade

15 ml/1 msk farinsocker

15 ml/1 msk majsmjöl (majsstärkelse)

45 ml/3 msk vatten

Blötlägg svampen i ljummet vatten i 30 minuter, låt sedan
rinna av. Kassera stjälkarna och skär av topparna. Gnid in 15
ml/1 msk sojasås i ankan. Spara 15 ml/1 msk olja, värm den

återstående oljan och fräs vårlöken och ingefäran tills de är lätt
gyllene. Tillsätt ankan och stek tills den fått lite färg på alla
sidor. Ta bort eventuellt överflödigt fett. Tillsätt vinet eller
sherryn, återstående sojasås i pannan och tillräckligt med
vatten för att nästan täcka ankan. Koka upp, täck och låt sjuda i
1 timme, vänd då och då.

Hetta upp den reserverade oljan och fräs löken tills den är
mjuk. Ta av från värmen och tillsätt bambuskott och svamp,
lägg sedan till ankan, täck och låt sjuda i ytterligare 30 minuter
tills ankan är mjuk. Ta ut ankan från pannan, skär i portioner
och lägg på en varm serveringsfat. Koka upp vätskorna i
pannan, tillsätt socker och majsmjöl och låt sjuda under
omrörning tills blandningen kokar och tjocknar. Häll över
ankan för att servera.

Anka med apelsin

för 4 personer

1 anka

3 vårlökar (grön lök), skuren i bitar

2 skivor ingefära rot, skuren i strimlor

1 skiva apelsinskal

salt och nymalen peppar

Lägg ankan i en stor kastrull, täck bara med vatten och låt koka upp. Tillsätt gräslök, ingefära och apelsinskal, täck över och låt sjuda i ca 1,5 timme tills ankan är mjuk. Krydda med salt och peppar, låt rinna av och servera.

stekt anka med apelsin

för 4 personer

1 anka

2 vitlöksklyftor, halverade

45 ml/3 msk jordnötsolja

1 lök

1 apelsin

120 ml/4 fl oz/½ kopp risvin eller torr sherry

2 skivor ingefära, hackad

5 ml/1 tsk salt

Gnid in vitlöken över hela insidan och utsidan av ankan,
pensla sedan med olja. Pricka den skalade löken med en gaffel,
lägg den med den oskalade apelsinen i ankans hålrum och
förslut med ett spett. Lägg ankan på ett galler över en
långpanna fylld med lite hett vatten och stek i en ugn förvärmd
till 160°C/325°F/gasnivå 3 i cirka 2 timmar. Kassera vätskorna
och lägg tillbaka ankan i långpannan. Häll i vinet eller sherryn
och strö över ingefära och salt. Återgå till ugnen i ytterligare
30 minuter. Släng löken och apelsinen och skär ankan i bitar

för servering. Häll matlagningsjuicerna över ankan vid
servering.

Anka med päron och kastanjer

för 4 personer

8 oz/225 g skalade kastanjer

1 anka

45 ml/3 msk jordnötsolja

250 ml/8 fl oz/1 kopp kycklingbuljong

45 ml/3 msk sojasås

15 ml/1 msk risvin eller torr sherry

5 ml/1 tsk salt

1 skiva ingefära, hackad

1 stort päron, skalat och skuret i tjocka skivor

15 ml/1 matsked socker

Koka kastanjerna i 15 minuter och låt dem rinna av. Skär
ankan i 5 cm/2 bitar. Hetta upp oljan och stek ankan tills den
fått lite färg på alla sidor. Häll av överflödig olja, tillsätt sedan
buljong, sojasås, vin eller sherry, salt och ingefära. Koka upp,
täck och låt sjuda i 25 minuter, rör om då och då. Tillsätt
kastanjerna, täck över och låt sjuda i ytterligare 15 minuter.

Strö päronet med socker, tillsätt det i pannan och låt sjuda i cirka 5 minuter tills det är genomvärmt.

Pekinganka

för 6

1 anka

250 ml/8 fl oz/1 kopp vatten

120 ml/4 oz/½ kopp honung

120 ml/½ kopp sesamolja

Till pannkakorna:

250 ml/8 fl oz/1 kopp vatten

8 oz/2 koppar/225 g vanligt mjöl (all-purpose)

jordnötsolja (jordnöts) för stekning

Till såserna:

120 ml/4 oz/½ kopp hoisinsås

30 ml/2 msk farinsocker

30 ml/2 matskedar sojasås

5 ml/1 tsk sesamolja

6 vårlökar (grön lök), skivad på längden

1 gurka, skuren i strimlor

Ankan ska vara hel med skinnet intakt. Knyt nacken hårt med garn och sy eller stick hål i den nedre öppningen. Skär en liten skåra i sidan av halsen, stick in ett sugrör och blås luft under huden tills det sväller. Häng ankan över en skål och låt vila i 1 timme.

Koka upp en kastrull med vatten, tillsätt ankan och låt koka i 1 minut, ta sedan bort och torka. Koka upp vattnet och tillsätt honungen. Gnid in blandningen på ankskinnet tills den är mättad. Häng ankan över en behållare på en sval, ventilerad plats i cirka 8 timmar tills skinnet är segt.

Häng ankan eller ställ den på ett galler över en långpanna och stek i en ugn som är förvärmd till 180°C/350°F/gasnivå 4 i cirka 1,5 timme, tråckla med jämna mellanrum med sesamolja.

För att göra pannkakorna, låt vattnet koka upp och tillsätt sedan mjölet gradvis. Knåda lätt tills degen är slät, täck med en fuktig trasa och låt vila i 15 minuter. Bred ut på mjölat underlag och forma en lång cylinder. Skär i 1 tum/2,5 cm skivor, platta till ca ¼ tum/5 mm tjocka och pensla toppen med olja. Stapla i par med de oljade ytorna vidrörande och damma lätt utsidan med mjöl. Bred ut paren till ca 10 cm breda och stek i par i ca 1 minut på varje sida tills de fått lite färg. Separera och stapla tills de ska serveras.

Förbered dipparna genom att blanda hälften av hoisinsåsen med sockret och blanda resten av hoisinsåsen med sojasåsen och sesamoljan.

Ta ut ankan från ugnen, ta bort skinnet och skär i rutor och skär köttet i tärningar. Lägg upp på separata tallrikar och servera med pannkakor, dipp och sidor.

Bräserad anka med ananas

för 4 personer

1 anka

14 oz/400 g konserverade ananasbitar i sirap

45 ml/3 msk sojasås

5 ml/1 tsk salt

nypa nymalen peppar

Lägg ankan i en tjockbottnad kastrull, täck helt enkelt med vatten, låt koka upp, täck och låt sjuda i 1 timme. Häll av ananassirapen i kastrullen med sojasåsen, tillsätt salt och peppar, täck över och låt sjuda i ytterligare 30 minuter. Tillsätt

ananasbitarna och låt sjuda i ytterligare 15 minuter tills ankan
är mjuk.

Anka sauterad med ananas

för 4 personer

1 anka

45 ml/3 matskedar majsmjöl (majsstärkelse)

45 ml/3 msk sojasås

8 oz/225 g konserverad ananas i sirap

45 ml/3 msk jordnötsolja

2 skivor ingefära rot, skuren i strimlor

15 ml/1 msk risvin eller torr sherry

5 ml/1 tsk salt

Skär köttet från benet och skär det i bitar. Blanda sojasåsen
med 30 ml/2 msk majsmjöl och häll i ankan tills den är väl
täckt. Låt stå i 1 timme, rör om då och då. Krossa ananasen
och sirapen och värm på svag värme i en kastrull. Blanda
resterande majsmjöl med lite vatten, häll i kastrullen och låt
koka på låg värme under omrörning tills såsen tjocknar. Hålla
värmen. Hetta upp oljan och fräs ingefäran tills den fått lite
färg, häll sedan i ingefäran. Tillsätt ankan och fräs tills den fått

lite färg på alla sidor. Tillsätt vin eller sherry och salt och fräs
ytterligare några minuter tills ankan är genomstekt. Lägg
ankan på ett varmt serveringsfat, ringla över sås och servera
genast.

Duck Ananas ingefära

för 4 personer

1 anka

4 oz/100 g konserverad ingefära i sirap

7 oz/200 g konserverade ananasbitar i sirap

5 ml/1 tsk salt

15 ml/1 msk majsmjöl (majsstärkelse)

30 ml/2 msk vatten

Lägg ankan i en värmesäker skål och lägg den i en kastrull
fylld med vatten tills den når två tredjedelar av skålens sidor.
Koka upp, täck och koka på svag värme i ca 2 timmar tills
ankan är mjuk. Ta bort ankan och låt svalna något. Ta bort
skinn och ben och skär ankan i bitar. Lägg dem på ett
serveringsfat och håll varma.

Häll av ingefära och ananassirap i en kastrull, tillsätt salt,
majsmjöl och vatten. Koka upp under omrörning och låt sjuda
i några minuter under omrörning tills såsen tunnar ut och

84

tjocknar. Tillsätt ingefära och ananas, rör om och häll över
ankan till servering.

Anka med ananas och litchi

för 4 personer

4 ankbröst

15 ml/1 msk sojasås

1 stjärnanisnejlika

1 skiva ingefärarot

jordnötsolja (jordnöts) för stekning

90 ml/6 matskedar vinäger

100 g/4 oz/½ kopp farinsocker

8 fl oz/250 ml/½ kopp kycklingbuljong

15 ml/1 matsked tomatsås (ketchup)

7 oz/200 g konserverade ananasbitar i sirap

15 ml/1 msk majsmjöl (majsstärkelse)

6 konserverade litchi

6 maraschino körsbär

Lägg ankor, soja, anis och ingefära i en kastrull och täck med
kallt vatten. Koka upp, skumma, täck sedan och låt sjuda i

cirka 45 minuter tills ankan är kokt. Häll av och torka. Stek i rikligt med het olja tills det är knaprigt.

Blanda under tiden vinäger, socker, fond, tomatsås och 30 ml/2 msk ananassirap i en kastrull, låt koka upp och låt sjuda i cirka 5 minuter tills det tjocknat. Tillsätt frukten och värm innan du häller över ankan till servering.

Anka med fläsk och kastanjer

för 4 personer

6 torkade kinesiska svampar

1 anka

8 oz/225 g skalade kastanjer

8 oz/225 g magert fläsk, i tärningar

3 salladslökar (grön lök), hackad

1 skiva ingefära, hackad

250 ml/8 oz/1 kopp sojasås

900 ml/1½ pts/3¾ koppar vatten

Blötlägg svampen i ljummet vatten i 30 minuter, låt sedan rinna av. Kassera stjälkarna och skär av topparna. Lägg i en stor kastrull med alla resterande ingredienser, låt koka upp, täck och låt sjuda i ca 1,5 timme tills ankan är genomstekt.

Anka med potatis

för 4 personer

75 ml/5 matskedar jordnötsolja (jordnötter)

1 anka

3 vitlöksklyftor, krossade

30 ml/2 msk svartbönsås

10 ml/2 tsk salt

1,2 l/2 pts/5 koppar vatten

2 purjolök, tjockt skivad

15 ml/1 matsked socker

45 ml/3 msk sojasås

60 ml/4 msk risvin eller torr sherry

1 stjärnanisnejlika

2 lb/900 g potatis, tjockt skivad

½ huvud av kinesiska blad

15 ml/1 msk majsmjöl (majsstärkelse)

30 ml/2 msk vatten

kvistar av platt bladpersilja

Hetta upp 60 ml/4 msk olja och stek ankan tills den är gyllenbrun på alla sidor. Knyt eller sy halsändan och lägg ankan med nacken nedåt i en djup skål. Hetta upp den återstående oljan och fräs vitlöken tills den är lätt gyllene. Tillsätt svartbönsås och salt och fräs i 1 minut. Tillsätt vatten, purjolök, socker, soja, vin eller sherry och stjärnanis och låt koka upp. Häll 8 fl oz/1 kopp/120 ml av blandningen i ankans hålighet och knyt eller sy för att säkra. Koka upp resten av blandningen i kastrullen. Tillsätt ankan och potatisen, täck och låt sjuda i 40 minuter, vänd ankan en gång. Lägg upp de kinesiska bladen på ett serveringsfat. Ta ut ankan från pannan, skär den i 5 cm/2 bitar och lägg den på serveringsfatet med potatisen.

Röd kokt anka

för 4 personer

1 anka

4 vårlökar (grön lök), skuren i bitar

2 skivor ingefära rot, skuren i strimlor

90 ml/6 matskedar sojasås

45 ml/3 msk risvin eller torr sherry

10 ml/2 tsk salt

10 ml/2 tsk socker

Lägg ankan i en tjockbottnad kastrull, täck helt enkelt med vatten och låt koka upp. Tillsätt gräslök, ingefära, vin eller sherry och salt, täck över och låt sjuda i ca 1 timme. Tillsätt sockret och låt sjuda i ytterligare 45 minuter tills ankan är mjuk. Skiva ankan på ett serveringsfat och servera varm eller kall, med eller utan sås.

Helstekt anka i risvin

för 4 personer

1 anka

500 ml/14 fl oz/1¾ koppar risvin eller torr sherry

5 ml/1 tsk salt

45 ml/3 msk sojasås

Lägg ankan i en tjockbottnad kastrull med sherry och salt, låt koka upp, täck och låt sjuda i 20 minuter. Häll av ankan, spara vätskan och pensla med sojasås. Lägg på ett galler i en långpanna fylld med lite hett vatten och tillaga i en förvärmd ugn vid 180°C/350°F/gasnivå 4 i cirka 1 timme, tråckla regelbundet med det reserverade flytande vinet.

Ångad anka med risvin

för 4 personer

1 anka

4 vårlökar (grön lök), halverad

1 skiva ingefära, hackad

250 ml/8 fl oz/1 kopp risvin eller torr sherry

30 ml/2 matskedar sojasås

nypa salt

Blanchera ankan i kokande vatten i 5 minuter och låt den rinna av. Lägg i en värmesäker skål tillsammans med resten av ingredienserna. Placera behållaren i en kastrull fylld med vatten tills den når två tredjedelar av vägen upp på sidorna av behållaren. Koka upp, täck och koka på svag värme i ca 2 timmar tills ankan är mjuk. Kassera gräslöken och ingefäran före servering.

saltad anka

för 4 personer

45 ml/3 msk jordnötsolja

4 ankbröst

3 vårlökar (grön lök), skivade

2 vitlöksklyftor, krossade

1 skiva ingefära, hackad

250 ml/8 oz/1 kopp sojasås

30 ml/2 msk risvin eller torr sherry

30 ml/2 msk farinsocker

5 ml/1 tsk salt

450 ml/¾ pt/2 koppar vatten

15 ml/1 msk majsmjöl (majsstärkelse)

Hetta upp oljan och stek ankbrösten gyllenbruna. Tillsätt

vårlöken, vitlöken och ingefäran och fräs i 2 minuter. Tillsätt

sojasås, vin eller sherry, socker och salt och blanda väl. Tillsätt

vattnet, låt koka upp, täck och låt sjuda i ca 1 timme och 30 minuter tills köttet är väldigt mört. Blanda majsmjölet med lite vatten, häll det sedan i kastrullen och koka på låg värme under omrörning tills såsen tjocknar.

Salta anka med gröna bönor

för 4 personer

45 ml/3 msk jordnötsolja

4 ankbröst

3 vårlökar (grön lök), skivade

2 vitlöksklyftor, krossade

1 skiva ingefära, hackad

250 ml/8 oz/1 kopp sojasås

30 ml/2 msk risvin eller torr sherry

30 ml/2 msk farinsocker

5 ml/1 tsk salt

450 ml/¾ pt/2 koppar vatten

225 g gröna bönor

15 ml/1 msk majsmjöl (majsstärkelse)

Hetta upp oljan och stek ankbrösten gyllenbruna. Tillsätt vårlöken, vitlöken och ingefäran och fräs i 2 minuter. Tillsätt sojasås, vin eller sherry, socker och salt och blanda väl. Tillsätt vatten, låt koka upp, täck över och låt sjuda i ca 45 minuter.

Tillsätt bönorna, täck och låt sjuda i ytterligare 20 minuter. Blanda majsmjölet med lite vatten, häll det sedan i kastrullen och koka på låg värme under omrörning tills såsen tjocknar.

stuvad anka

för 4 personer

1 anka

50 g/2 oz/½ kopp majsmjöl (majsstärkelse)

frityrolja

2 vitlöksklyftor, krossade

30 ml/2 msk risvin eller torr sherry

30 ml/2 matskedar sojasås

5 ml/1 tsk riven ingefärsrot

750 ml/1¼ pts/3 dl kycklingbuljong

4 torkade kinesiska svampar

8 oz/225 g bambuskott, skivade

8 oz/225 g vattenkastanjer, skivade

10 ml/2 tsk socker

nypa peppar

5 vårlökar (grön lök), skivade

Skär ankan i portionsstora bitar. Spara 2 msk/30 ml majsmjöl och täck ankan med det återstående majsmjölet. Damma av överskottet. Hetta upp oljan och fräs vitlök och anka tills de fått lite färg. Ta bort från pannan och låt rinna av på hushållspapper. Lägg ankan i en stor stekpanna. Blanda vin eller sherry, 15 ml/1 msk sojasås och ingefära. Lägg i pannan och koka på hög värme i 2 minuter. Tillsätt hälften av fonden, låt koka upp, täck och låt sjuda i ca 1 timme tills ankan är mjuk.

Blötlägg under tiden svampen i ljummet vatten i 30 minuter och låt dem rinna av. Kassera stjälkarna och skär av topparna. Tillsätt svampen, bambuskotten och vattenkastanjerna till ankan och koka, rör om ofta, i 5 minuter. Skumma fettet från vätskan. Kombinera resterande fond, majsmjöl och sojasås med socker och peppar och rör ner i kastrullen. Koka upp under omrörning och låt puttra i cirka 5 minuter tills såsen tjocknar. Överför till en varm serveringsskål och servera garnerad med gräslök.

stekt anka

för 4 personer

1 äggvita, lätt vispad

20 ml/1½ msk majsmjöl (majsstärkelse)

salt

1 lb/450 g ankbröst, tunt skivade

45 ml/3 msk jordnötsolja

2 vårlökar (grön lök), skuren i strimlor

1 grön paprika, skuren i strimlor

5 ml/1 tsk risvin eller torr sherry

75 ml/5 msk kycklingfond

2,5 ml/½ tesked socker

Vispa äggvitan med 15 ml/1 msk majsmjöl och en nypa salt. Tillsätt den skivade ankan och blanda tills ankan är täckt. Hetta upp oljan och stek ankan tills den är genomstekt och gyllene. Ta ut ankan från pannan och rinna av allt utom 30 ml/2 msk olja. Tillsätt gräslöken och paprikan och fräs i 3 minuter. Tillsätt vin eller sherry, fond och socker och låt koka upp. Blanda resterande majsmjöl med lite vatten, tillsätt såsen och låt sjuda under omrörning tills såsen tjocknar. Tillsätt ankan, värm och servera.

Anka med sötpotatis

för 4 personer

1 anka

250 ml/8 fl oz/1 kopp jordnötsolja

8 oz/225 g sötpotatis, skalad och tärnad

2 vitlöksklyftor, krossade

1 skiva ingefära, hackad

2,5 ml/½ tesked kanel

2,5 ml/½ tesked mald kryddnejlika

nypa mald anis

5 ml/1 tsk socker

15 ml/1 msk sojasås

250 ml/8 fl oz/1 kopp kycklingbuljong

15 ml/1 msk majsmjöl (majsstärkelse)

30 ml/2 msk vatten

Skär ankan i 5 cm/2 bitar. Hetta upp oljan och stek potatisen tills den är gyllenbrun. Ta bort från pannan och rinna av allt utom 30 ml/2 msk olja. Tillsätt vitlök och ingefära och fräs i 30 sekunder. Tillsätt ankan och stek tills den fått lite färg på alla sidor. Tillsätt kryddor, socker, soja och fond och låt koka upp. Tillsätt potatisen, täck och låt sjuda i cirka 20 minuter tills ankan är mjuk. Blanda majsmjölspasta med vattnet, rör sedan ner den i pannan och låt sjuda under omrörning tills såsen tjocknar.

sötsur anka

för 4 personer

1 anka

1,2 l/2 poäng/5 dl kycklingbuljong

2 lökar

2 morötter

2 vitlöksklyftor, skivade

15 ml/1 msk pickling kryddor

10 ml/2 tsk salt

10 ml/2 tsk jordnötsolja

6 vårlökar (grön lök), hackad

1 mango, skalad och skuren i tärningar

12 litchi, halverade

15 ml/1 msk majsmjöl (majsstärkelse)

15 ml/1 msk vinäger

10 ml/2 tsk tomatpuré (pasta)

15 ml/1 msk sojasås

5 ml/1 tsk pulver med fem kryddor

300 ml/½ pt/1¼ kopp kycklingfond

Lägg ankan i en ångkorg över en kastrull med fond, lök, morötter, vitlök, syltkryddor och salt. Täck över och ånga i 2h30. Kyl ankan, täck över och ställ i kylen i 6 timmar. Ta bort köttet från benen och skär det i tärningar. Hetta upp oljan och stek ankan och gräslöken tills den är knaprig. Tillsätt resten av ingredienserna, låt koka upp och låt sjuda i 2 minuter under omrörning tills såsen tjocknar.

mandarin anka

för 4 personer

1 anka

60 ml/4 msk jordnötsolja

1 bit torkat mandarinskal

900 ml/1½ pts/3¾ koppar kycklingbuljong

5 ml/1 tsk salt

Häng ankan på tork i 2 timmar. Hetta upp hälften av oljan och stek ankan tills den fått lite färg. Överför till en stor värmesäker skål. Hetta upp den återstående oljan och stek mandarinskalet i 2 minuter och lägg det sedan inuti ankan. Häll buljongen över ankan och smaka av med salt. Ställ skålen på ett galler i en ångkokare, täck över och ånga i ca 2 timmar tills ankan är mjuk.

Anka med grönsaker

för 4 personer

1 stor anka skuren i 16 bitar

salt

300 ml/½ pint/1¼ kopp vatten

300 ml/½ pt/1¼ kopp torrt vitt vin

120 ml/4 fl oz/½ kopp vinäger

45 ml/3 msk sojasås

30 ml/2 msk plommonsås

30 ml/2 msk hoisinsås

5 ml/1 tsk pulver med fem kryddor

6 vårlökar (grön lök), hackad

2 morötter, hackade

5 cm/2 hackade vita rädisor

2 oz/50 g kinakål, tärnad

nymalen peppar

5 ml/1 tsk socker

Lägg ankbitarna i en skål, strö över salt och tillsätt vattnet och vinet. Tillsätt vinäger, soja, plommonsås, hoisinsås och pulvret med fem kryddor, låt koka upp, täck och låt sjuda i ca 1 timme. Tillsätt grönsakerna i grytan, ta av locket och låt sjuda i 10 minuter till. Krydda med salt, peppar och socker och låt svalna. Täck över och kyl över natten. Avfetta och värm sedan ankan i såsen i 20 minuter.

Anka sauterad med grönsaker

för 4 personer

4 torkade kinesiska svampar

1 anka

10 ml/2 tsk majsmjöl (majsstärkelse)

15 ml/1 msk sojasås

45 ml/3 msk jordnötsolja

4 oz/100 g bambuskott, skurna i strimlor

2 oz/50 g vattenkastanjer, skurna i strimlor

120 ml/4 fl oz/½ kopp kycklingbuljong

15 ml/1 msk risvin eller torr sherry

5 ml/1 tsk salt

Blötlägg svampen i ljummet vatten i 30 minuter, låt sedan
rinna av. Kassera stjälkarna och tärna locken. Ta bort köttet
från benen och skär det i bitar. Blanda majsmjöl och soja, lägg
i ankköttet och låt vila i 1 timme. Hetta upp oljan och stek

ankan tills den fått lite färg på alla sidor. Ta bort från formen.

Tillsätt svampen, bambuskotten och vattenkastanjerna i

pannan och fräs i 3 minuter. Tillsätt fond, vin eller sherry och

salt, låt koka upp och låt sjuda i 3 minuter. Lägg tillbaka ankan

i pannan, täck och låt sjuda i ytterligare 10 minuter tills ankan

är mjuk.

Kokt Vit Anka

för 4 personer

1 skiva ingefära, hackad

250 ml/8 fl oz/1 kopp risvin eller torr sherry

salt och nymalen peppar

1 anka

3 salladslökar (grön lök), hackad

5 ml/1 tsk salt

4 oz/100 g bambuskott, skivade

4 oz/100 g rökt skinka, skivad

Blanda ingefära, 15 ml/1 msk vin eller sherry, lite salt och

peppar. Gnid in ankan och låt vila i 1 timme. Lägg fågeln i en

tjockbottnad kastrull med marinaden och tillsätt vårlöken och

saltet. Tillsätt tillräckligt med kallt vatten bara för att täcka

ankan, låt koka upp, täck och låt sjuda i cirka 2 timmar tills ankan är mjuk. Tillsätt bambuskott och skinka och låt sjuda i ytterligare 10 minuter.

anka i vin

för 4 personer

1 anka

15 ml/1 msk gul bönsås

1 lök, skivad

1 flaska torrt vitt vin

Gnid in insidan och utsidan av ankan med den gula bönsåsen. Lägg löken i hålet. Koka upp vinet i en stor kastrull, tillsätt ankan, koka upp igen, täck och låt sjuda så försiktigt som möjligt i ca 3 timmar tills ankan är mjuk. Låt rinna av och skär till servering.

ångad anka i vin

för 4 personer

1 anka

selleri salt

200 ml / 7 fl oz. / bara 1 kopp risvin eller torr sherry

30 ml/2 matskedar hackad färsk persilja

Gnid in ankan med sellerisalt inifrån och ut och lägg den i en djup ugnsform. Lägg en ugnsfast form med vinet i ankans hålrum. Lägg formen på galler i en ångkokare, täck över och ånga med kokande vatten i ca 2 timmar tills ankan är mjuk.

gör fre

för 4 personer

2lbs/900g fasan

30 ml/2 matskedar sojasås

4 uppvispade ägg

120 ml / 4 fl oz / ½ kopp jordnötsolja

Bena ut fasanen och hacka köttet. Blanda med sojasås och låt stå i 30 minuter. Häll av fasanen och doppa den sedan i äggen. Hetta upp oljan och stek snabbt fasanen tills den är gyllenbrun. Låt rinna av väl före servering.

fasan med mandel

för 4 personer

45 ml/3 msk jordnötsolja

2 salladslökar (grön lök), hackad

1 skiva ingefära, hackad

225g/8oz fasan, mycket tunt skivad

2 oz/50 g skinka, smulad

30 ml/2 matskedar sojasås

30 ml/2 msk risvin eller torr sherry

5 ml/1 tsk socker

5 ml/1 tsk nymalen peppar

2,5 ml/½ tesked salt

4 oz/100 g/1 kopp flingad mandel

Hetta upp oljan och fräs vårlöken och ingefäran tills de fått lite färg. Tillsätt fasanen och skinkan och fräs i 5 minuter tills de nästan är kokta. Tillsätt sojasås, vin eller sherry, socker, peppar och salt och fräs i 2 minuter. Tillsätt mandeln och fräs i 1 minut tills ingredienserna är väl kombinerade.

Rådjur med torkad svamp

för 4 personer

8 torkade kinesiska svampar

1 lb/450 g viltfilé, skuren i strimlor

15 ml/1 msk enbär, malda

15 ml/1 msk sesamolja

30 ml/2 matskedar sojasås

30 ml/2 msk hoisinsås

5 ml/1 tsk pulver med fem kryddor

30 ml/2 matskedar jordnötsolja (jordnötter)

6 vårlökar (grön lök), hackad

30 ml/2 matskedar honung

30 ml/2 msk vinäger

Blötlägg svampen i ljummet vatten i 30 minuter, låt sedan rinna av. Kassera stjälkarna och skär av topparna. Lägg viltkött i en skål. Kombinera enbär, sesamolja, sojasås, hoisinsås och femkryddspulver, häll över viltkött och marinera i minst 3 timmar, rör om då och då. Hetta upp oljan och fräs köttet i 8 minuter tills det är genomstekt. Ta bort från formen. Lägg salladslök och svamp i pannan och fräs i 3 minuter. Lägg tillbaka köttet i pannan med honung och vinäger och värm upp under omrörning.

saltade ägg

6 år sedan

1,2 l/2 pts/5 koppar vatten

100 g/4 oz stensalt

6 ankägg

Koka upp vattnet med saltet och rör om tills saltet lösts upp. Låt svalna. Häll det saltade vattnet i en stor burk, tillsätt äggen, täck över och låt stå i 1 månad. Koka äggen innan du ångar dem med ris.

sojaägg

för 4 personer

4 ägg

120 ml/½ kopp sojasås

120 ml/4 oz/½ kopp vatten

2 oz/50 g/¼ kopp farinsocker

½ salladshuvud, strimlad

2 tomater, skivade

Lägg äggen i en kastrull, täck med kallt vatten, låt koka upp
och koka i 10 minuter. Häll av och kyl under rinnande vatten.
Lägg tillbaka äggen i pannan och tillsätt soja, vatten och
socker. Koka upp, täck och koka på låg värme i 1 timme. Lägg
upp salladen på ett serveringsfat. Skär äggen i fjärdedelar och
lägg dem ovanpå salladen. Servera garnerad med tomater.

te ägg

För 4 till 6 personer

6 ägg

10 ml/2 tsk salt

3 påsar kinesiskt te

45 ml/3 msk sojasås

1 stjärnanisnejlika, delad i bitar

Lägg äggen i en kastrull, täck med kallt vatten, koka sedan upp långsamt och låt sjuda i 15 minuter. Ta av från värmen och lägg äggen i kallt vatten tills de svalnat. Låt vila i 5 minuter. Ta ut äggen från pannan och knäck försiktigt skalen, men ta inte bort dem. Lägg tillbaka äggen i pannan och täck med kallt vatten. Tillsätt resten av ingredienserna, låt koka upp och låt sjuda i 1h30. Kyl och ta bort skalet.

äggkräm

för 4 personer

4 uppvispade ägg

13 fl oz/375 ml/1 ½ kopp kycklingbuljong

2,5 ml/½ tesked salt

1 vårlök (grön lök), hackad

4 oz/100 g räkor, skalade, grovt hackade

15 ml/1 msk sojasås

15 ml/1 msk jordnötsolja

Blanda alla ingredienser utom oljan i en djup skål och placera skålen i en långpanna fylld med 2,5 cm vatten. Täck över och ånga i 15 minuter. Hetta upp oljan och häll den över krämen. Täck över och ånga i ytterligare 15 minuter.

ångade ägg

för 4 personer

250 ml/8 fl oz/1 kopp kycklingbuljong

4 ägg, lätt vispade

15 ml/1 msk risvin eller torr sherry

5 ml/1 tsk jordnötsolja

2,5 ml/½ tesked salt

2,5 ml/½ tesked socker

2 salladslökar (grön lök), hackad

15 ml/1 msk sojasås

Vispa äggen lätt med vin eller sherry, olja, salt, socker och gräslök. Hetta upp fonden och rör sedan långsamt ner den i äggblandningen och häll den i en grund ugnsform. Lägg rätten på ett galler i en ångkokare, täck över och ångkoka i cirka 30 minuter över sjudande vatten tills blandningen har konsistensen av tjock grädde. Ringla över soja innan servering.

ångad skinka

För 6 till 8 personer

2 pund/900 g färsk skinka

30 ml/2 msk farinsocker

60 ml/4 msk risvin eller torr sherry

Lägg skinkan i en värmesäker form på galler, täck över och ånga i kokande vatten i ca 1 timme. Tillsätt socker och vin eller sherry i skålen, täck över och ånga i ytterligare 1 timme eller tills skinkan är kokt. Låt svalna i skålen innan du skär.

kålbacon

för 4 personer

4 skivor randigt bacon, smält och hackat

2,5 ml/½ tesked salt

1 skiva ingefära, hackad

½ vitkål, riven

75 ml/5 msk kycklingfond

15 ml/1 msk ostronsås

Stek baconet tills det är knaprigt och ta sedan bort det från pannan. Tillsätt salt och ingefära och fräs i 2 minuter. Tillsätt kålen och blanda väl, tillsätt sedan baconet och tillsätt fonden, täck över och låt sjuda i ca 5 minuter tills kålen är mjuk men fortfarande lite knaprig. Tillsätt ostronsåsen, täck över och låt sjuda i 1 minut innan servering.

Mandel kyckling

För 4 till 6 personer

13 fl oz/375 ml/1 ½ kopp kycklingbuljong

60 ml/4 msk risvin eller torr sherry

45 ml/3 matskedar majsmjöl (majsstärkelse)

15 ml/1 msk sojasås

4 kycklingbröst

1 äggvita

2,5 ml/½ tesked salt

frityrolja

3 oz/75 g/½ kopp blancherad mandel

1 stor morot, tärnad

5 ml/1 tsk riven ingefärsrot

6 vårlökar (grön lök), skivade

3 stjälkar selleri, skivade

4 oz/100 g svamp, skivad

4 oz/100 g bambuskott, skivade

Blanda fonden, hälften av vinet eller sherryn, 2 msk/30 ml majsmjöl och sojasås i en kastrull. Koka upp under omrörning och låt sjuda i 5 minuter tills blandningen tjocknar. Ta bort från värmen och håll varmt.

Ta bort skinn och ben från kycklingen och skär i 1/2-tums
bitar. Blanda resterande vin eller sherry med majsmjöl, äggvita
och salt, tillsätt kycklingbitarna och blanda väl. Hetta upp
oljan och stek kycklingbitarna några åt gången i cirka 5
minuter tills de är gyllenbruna. Dränera väl. Ta bort alla utom
2 msk/30 ml olja från pannan och fräs mandlarna i 2 minuter
tills de är gyllene. Dränera väl. Tillsätt moroten och ingefäran i
pannan och fräs i 1 minut. Tillsätt de återstående grönsakerna
och fräs i cirka 3 minuter tills grönsakerna är mjuka. Lägg
tillbaka kycklingen och mandeln i kastrullen med såsen och rör
på medelvärme i några minuter tills de är genomvärmda.

Kyckling med mandel och vattenkastanjer

för 4 personer

6 torkade kinesiska svampar

4 stycken kyckling utan ben

100 g/4 oz mald mandel

salt och nymalen peppar

60 ml/4 msk jordnötsolja

4 oz/100 g vattenkastanjer, skivade

75 ml/5 msk kycklingfond

30 ml/2 matskedar sojasås

Blötlägg svampen i ljummet vatten i 30 minuter, låt sedan rinna av. Kassera stjälkarna och skär av topparna. Skiva kycklingen tunt. Salta och peppra rejält mandeln och garnera kycklingskivorna med mandeln. Hetta upp oljan och stek kycklingen tills den fått lite färg. Tillsätt svampen, vattenkastanjerna, fonden och sojasåsen, låt koka upp, täck och låt puttra i några minuter tills kycklingen är genomstekt.

Kyckling med mandel och grönsaker

för 4 personer

75 ml/5 matskedar jordnötsolja (jordnötter)

4 skivor ingefära rot, hackad

5 ml/1 tsk salt

4 oz/100 g kinakål, strimlad

2 oz/50 g tärnade bambuskott

2 oz/50 g svamp, tärnad

2 stjälkar selleri, tärnade

3 vattenkastanjer, tärnade

120 ml/4 fl oz/½ kopp kycklingbuljong

8 oz/225 g kycklingbröst, tärnad

15 ml/1 msk risvin eller torr sherry

2 oz/50 g snöärter

4 oz/100 g flingad mandel, rostad

10 ml/2 tsk majsmjöl (majsstärkelse)

15 ml/1 msk vatten

Hetta upp hälften av oljan och fräs ingefära och salt i 30 sekunder. Tillsätt kål, bambuskott, svamp, selleri och vattenkastanjer och fräs i 2 minuter. Tillsätt buljongen, låt koka upp, täck och låt sjuda i 2 minuter. Ta bort grönsaker och sås från pannan. Hetta upp den återstående oljan och bryn kycklingen i 1 minut. Tillsätt vinet eller sherryn och bryn i 1 minut. Lägg tillbaka grönsakerna i pannan med snöärtorna och mandeln och koka på låg värme i 30 sekunder. Blanda majsmjöl och vatten till en pasta, rör ner i sås och låt sjuda under omrörning tills såsen tjocknar.

Anis kyckling

för 4 personer

75 ml/5 matskedar jordnötsolja (jordnötter)

2 lökar, hackade

1 vitlöksklyfta, hackad

2 skivor ingefära, hackad

15 ml/1 msk vanligt mjöl (all-purpose)

30 ml/2 msk currypulver

1 pund/450 g kyckling, skuren i tärningar

15 ml/1 matsked socker

30 ml/2 matskedar sojasås

450 ml/¾ kopp/2 koppar kycklingbuljong

2 stjärnanisnejlika

8 oz/225 g potatis, tärnad

Hetta upp hälften av oljan och fräs löken tills den fått lite färg, ta sedan bort dem från pannan. Hetta upp resten av oljan och fräs vitlök och ingefära i 30 sekunder. Tillsätt mjöl och curry och koka i 2 minuter. Lägg tillbaka löken i pannan, tillsätt kycklingen och fräs i 3 minuter. Tillsätt socker, sojasås, fond och anis, låt koka upp, täck och låt sjuda i 15 minuter. Tillsätt potatisen, koka upp igen, täck och låt sjuda i ytterligare 20 minuter tills den är mjuk.

kyckling med aprikoser

för 4 personer

4 bitar kyckling

salt och nymalen peppar

nypa mald ingefära

60 ml/4 msk jordnötsolja

8 oz/225 g konserverade aprikoser, halverade

300 ml/½ pt/1 ¼ kopp sötsur sås

30 ml/2 matskedar skivad mandel, rostad

Krydda kycklingen med salt, peppar och ingefära. Hetta upp oljan och stek kycklingen tills den fått lite färg. Täck över och koka i cirka 20 minuter tills de är mjuka, vänd då och då. Tappa ur oljan. Tillsätt aprikoserna och såsen i pannan, låt koka upp, täck över och låt sjuda i cirka 5 minuter eller tills de är genomvärmda. Dekorera med flagad mandel.

kyckling med sparris

för 4 personer

45 ml/3 msk jordnötsolja

5 ml/1 tsk salt

1 vitlöksklyfta, krossad

1 vårlök (grön lök), hackad

1 kycklingbröst, skivat

30 ml/2 msk svartbönsås

12 oz/350 g sparris, skuren i 1 tum/2,5 cm bitar

120 ml/4 fl oz/½ kopp kycklingbuljong

5 ml/1 tsk socker

15 ml/1 msk majsmjöl (majsstärkelse)

45 ml/3 msk vatten

Hetta upp hälften av oljan och fräs salt, vitlök och vårlök tills de fått lite färg. Tillsätt kycklingen och stek tills den blir ljus. Tillsätt den svarta bönsåsen och rör om för att täcka kycklingen. Tillsätt sparris, fond och socker, låt koka upp, täck och låt sjuda i 5 minuter tills kycklingen är mjuk. Blanda majsmjöl och vatten till en pasta, lägg i grytan och låt sjuda under omrörning tills såsen tunnar ut och tjocknar.

Kyckling med aubergine

för 4 personer

8 oz/225 g kyckling, skivad

15 ml/1 msk sojasås

15 ml/1 msk risvin eller torr sherry

15 ml/1 msk majsmjöl (majsstärkelse)

1 aubergine (aubergine), skalad och skuren i strimlor

30 ml/2 matskedar jordnötsolja (jordnötter)

2 torkade röda paprikor

2 vitlöksklyftor, krossade

75 ml/5 msk kycklingfond

Lägg kycklingen i en skål. Blanda sojasås, vin eller sherry och majsmjöl, lägg till kycklingen och låt stå i 30 minuter. Blanchera auberginerna i kokande vatten i 3 minuter och låt rinna av väl. Hetta upp oljan och stek paprikorna tills de är gyllene, ta sedan bort och kassera. Tillsätt vitlök och kyckling och fräs tills de fått lite färg. Tillsätt fond och aubergine, låt koka upp, täck och låt sjuda i 3 minuter, rör om då och då.

Kycklingbaconrulle

För 4 till 6 personer

8 oz/225 g kyckling, skuren i tärningar

30 ml/2 matskedar sojasås

15 ml/1 msk risvin eller torr sherry

5 ml/1 tsk socker

5 ml/1 tsk sesamolja

salt och nymalen peppar

8 oz/225 g baconskivor

1 ägg, lätt uppvispat

4 oz/100 g vanligt mjöl (all-purpose)

frityrolja

4 tomater, skivade

Blanda kycklingen med soja, vin eller sherry, socker, sesamolja, salt och peppar. Täck över och marinera i 1 timme, rör om då och då, ta sedan bort kycklingen och kassera marinaden. Skär baconet i bitar och linda det runt kycklingtärningarna. Vispa äggen med mjölet tills du har en tjock smet, tillsätt eventuellt lite mjölk. Doppa tärningarna i smeten. Hetta upp oljan och stek tärningarna tills de är gyllenbruna och genomstekta. Servera garnerad med tomater.

Kyckling med böngroddar

för 4 personer

45 ml/3 msk jordnötsolja

1 vitlöksklyfta, krossad

1 vårlök (grön lök), hackad

1 skiva ingefära, hackad

8 oz/225 g kycklingbröst, skuren i strimlor

8 oz/225 g böngroddar

45 ml/3 msk sojasås

15 ml/1 msk risvin eller torr sherry

5 ml/1 tesked majsmjöl (majsstärkelse)

Hetta upp oljan och fräs vitlök, vårlök och ingefära tills de fått lite färg. Tillsätt kycklingen och fräs i 5 minuter. Tillsätt böngroddarna och fräs i 2 minuter. Tillsätt sojasås, vin eller sherry och majsmjöl och fräs i ca 3 minuter tills kycklingen är genomstekt.

Kyckling med svartbönsås

för 4 personer

30 ml/2 matskedar jordnötsolja (jordnötter)

5 ml/1 tsk salt

30 ml/2 msk svartbönsås

2 vitlöksklyftor, krossade

1 pund / 450 g tärnad kyckling

250 ml/8 fl oz/1 kopp buljong

1 grön paprika, tärnad

1 hackad lök

15 ml/1 msk sojasås

nymalen peppar

15 ml/1 msk majsmjöl (majsstärkelse)

45 ml/3 msk vatten

Hetta upp oljan och fräs salt, svarta bönor och vitlök i 30 sekunder. Tillsätt kycklingen och stek tills den fått lite färg. Tillsätt fonden, låt koka upp, täck över och låt sjuda i 10 minuter. Tillsätt paprika, lök, soja och peppar, lock och låt sjuda i ytterligare 10 minuter. Blanda majsmjöl och vatten tills den är slät, tillsätt såsen och låt sjuda under omrörning tills såsen tjocknar och kycklingen är mjuk.

Broccolikyckling

för 4 personer

1 pund/450 g kycklingkött, i tärningar

8 oz/225 g kycklinglever

3 msk/45 ml vanligt (all-purpose) mjöl

45 ml/3 msk jordnötsolja

1 hackad lök

1 röd paprika, tärnad

1 grön paprika, tärnad

8 oz/225 g broccolibuketter

4 skivor ananas, tärnad

30 ml/2 msk tomatpuré (pasta)

30 ml/2 msk hoisinsås

30 ml/2 matskedar honung

30 ml/2 matskedar sojasås

300 ml/½ pt/1¼ kopp kycklingfond

10 ml/2 tsk sesamolja

Blanda kyckling och kycklinglever i mjölet. Hetta upp oljan och stek levern i 5 minuter och ta sedan bort den från pannan.

Lägg till kycklingen, täck och bryn på medelvärme i 15 minuter, rör om då och då. Tillsätt grönsaker och ananas och fräs i 8 minuter. Lägg tillbaka levern i woken, tillsätt resten av ingredienserna och låt koka upp. Koka på låg värme under omrörning tills såsen tjocknar.

Kyckling med kål och jordnötter

för 4 personer

45 ml/3 msk jordnötsolja

30 ml/2 matskedar jordnötter

1 pund / 450 g tärnad kyckling

½ vitkål, skuren i rutor

15 ml/1 msk svartbönsås

2 röda paprikor, hackade

5 ml/1 tsk salt

Hetta upp lite olja och stek jordnötterna i några minuter under konstant omrörning. Ta bort, låt rinna av och riv sedan. Hetta upp den återstående oljan och stek kycklingen och kålen tills de fått lite färg. Ta bort från formen. Tillsätt svartbönsås och chili och fräs i 2 minuter. Lägg tillbaka kycklingen och kålen i

pannan med de krossade jordnötterna och smaka av med salt.
Stek tills det är genomvärmt och servera omedelbart.

Cashew kyckling

för 4 personer

30 ml/2 matskedar sojasås

30 ml/2 matskedar majsmjöl (majsstärkelse)

15 ml/1 msk risvin eller torr sherry

12 oz/350 g kyckling, skuren i tärningar

45 ml/3 msk jordnötsolja

2,5 ml/½ tesked salt

2 vitlöksklyftor, krossade

8 oz/225 g svamp, skivad

4 oz/100 g vattenkastanjer, skivade

4 oz/100 g bambuskott

2 oz/50 g snöärter

8 oz/225 g/2 koppar cashewnötter

300 ml/½ pt/1¼ kopp kycklingfond

Blanda soja, majsmjöl och vin eller sherry, häll över
kycklingen, täck över och marinera i minst 1 timme. Hetta upp
2 msk/30 ml olja med salt och vitlök och fräs tills vitlöken är
lätt gyllene. Tillsätt kycklingen med marinaden och fräs i 2

minuter tills kycklingen är lätt brynt. Tillsätt svamp,

vattenkastanjer, bambuskott och snöärter och stek i 2 minuter.

Värm under tiden upp resterande olja i en separat panna och

stek cashewnötterna på låg värme i några minuter tills de är

gyllenbruna. Tillsätt dem i pannan med buljongen, låt koka

upp, täck över och låt sjuda i 5 minuter. Om såsen inte har

tjocknat tillräckligt,

Kastanj kyckling

för 4 personer

8 oz/225 g kyckling, skivad

5 ml/1 tsk salt

15 ml/1 msk sojasås

frityrolja

250 ml/8 fl oz/1 kopp kycklingbuljong

200 g/7 oz vattenkastanjer, hackade

8 oz/225 g hackade kastanjer

8 oz/225 g svamp, i fjärdedelar

15 ml/1 msk hackad färsk persilja

Strö över kycklingen med salt och soja och gnid in den väl i kycklingen. Hetta upp oljan och stek kycklingen tills den är gyllenbrun, ta sedan bort och låt den rinna av. Lägg kycklingen i en kastrull med buljongen, låt koka upp och låt sjuda i 5 minuter. Tillsätt vattenkastanjerna, kastanjerna och svampen, täck över och låt sjuda i ca 20 minuter tills allt är mört. Servera garnerad med persilja.

för 4 personer

1 pund/350 g kycklingkött, skuren i tärningar

1 ägg, lätt uppvispat

10 ml/2 tsk sojasås

2,5 ml/½ tesked majsmjöl (majsstärkelse)

frityrolja

1 grön paprika, tärnad

4 vitlöksklyftor, krossade

2 röda paprikor, riven

5 ml/1 tsk nymalen peppar

5 ml/1 tesked vinäger

5 ml/1 tsk vatten

2,5 ml/½ tesked socker

2,5 ml/½ tesked chiliolja

2,5 ml/½ tesked sesamolja

Blanda kycklingen med ägget, hälften av sojan och majsstärkelsen och låt vila i 30 minuter. Hetta upp oljan och stek kycklingen tills den är gyllenbrun, låt den rinna av väl. Ta bort allt utom 15 ml/1 msk olja från pannan, tillsätt peppar, vitlök och chili och stek i 30 sekunder. Tillsätt peppar, vinäger, vatten och socker och fräs i 30 sekunder. Lägg tillbaka kycklingen i pannan och stek i några minuter tills den är genomstekt. Servera beströdd med chili och sesamolja.

Wokad chili kyckling

för 4 personer

8 oz/225 g kyckling, skivad

2,5 ml/½ tesked sojasås

2,5 ml/½ tesked sesamolja

2,5 ml/½ tesked risvin eller torr sherry

5 ml/1 tesked majsmjöl (majsstärkelse)

salt

45 ml/3 msk jordnötsolja

100 g/4 oz spenat

4 salladslökar (grön lök), hackad

2,5 ml/½ tesked chilipulver

15 ml/1 msk vatten

1 tomat, skivad

Kasta kycklingen med soja, sesamolja, vin eller sherry, hälften av majsstärkelsen och en nypa salt. Låt vila i 30 minuter. Hetta upp 15 ml/1 msk olja och stek kycklingen tills den fått lite färg. Ta bort från woken. Hetta upp 15 ml/1 msk olja och fräs spenaten tills den har vissnat, ta sedan ut den från woken. Värm återstående olja och fräs vårlök, chilipulver, vatten och resterande majsmjöl i 2 minuter. Tillsätt kycklingen och bryn snabbt. Lägg spenat runt en varm serveringsfat, toppa med kyckling och servera garnerad med tomater.

Hacka Suey Chicken

för 4 personer

4 oz/100 g porslinsblad, krossade

4 oz/100 g bambuskott, skurna i strimlor

60 ml/4 msk jordnötsolja

3 vårlökar (grön lök), skivade

2 vitlöksklyftor, krossade

1 skiva ingefära, hackad

8 oz/225 g kycklingbröst, skuren i strimlor

45 ml/3 msk sojasås

15 ml/1 msk risvin eller torr sherry

5 ml/1 tsk salt

2,5 ml/½ tesked socker

nymalen peppar

15 ml/1 msk majsmjöl (majsstärkelse)

Blanchera de kinesiska bladen och bambuskotten i kokande vatten i 2 minuter. Häll av och torka. Hetta upp 3 msk/45 ml olja och fräs löken, vitlöken och ingefäran tills de fått lite färg. Tillsätt kycklingen och fräs i 4 minuter. Ta bort från formen. Hetta upp resten av oljan och fräs grönsakerna i 3 minuter. Tillsätt kyckling, soja, vin eller sherry, salt, socker och en nypa peppar och bryn i 1 minut. Blanda majsmjölet med lite vatten, rör ner i såsen och låt sjuda under omrörning tills såsen tunnar ut och tjocknar.

Kyckling chow mein

för 4 personer

30 ml/2 matskedar jordnötsolja (jordnötter)

2 vitlöksklyftor, krossade

1 pund/450 g kyckling, skivad

8 oz/225 g bambuskott, skivade

4 oz/100 g selleri, skivad

8 oz/225 g svamp, skivad

450 ml/¾ kopp/2 koppar kycklingbuljong

8 oz/225 g böngroddar

4 lökar, skurna i fjärdedelar

30 ml/2 matskedar sojasås

30 ml/2 matskedar majsmjöl (majsstärkelse)

8 oz/225 g torra kinesiska nudlar

Hetta upp oljan med vitlöken tills den är lätt brynt, tillsätt sedan kycklingen och fräs i 2 minuter tills den fått färg. Tillsätt bambuskott, selleri och svamp och fräs i 3 minuter. Tillsätt det mesta av fonden, låt koka upp, täck och låt sjuda i 8 minuter. Tillsätt böngroddar och lök och låt sjuda i 2 minuter under omrörning tills lite buljong återstår. Blanda resten av buljongen med soja och majsmjöl. Lägg i pannan och låt sjuda under omrörning tills såsen tunnar ut och tjocknar.

Koka under tiden nudlarna i kokande saltat vatten i några minuter, enligt anvisningarna på förpackningen. Låt rinna av väl, blanda sedan med kycklingblandningen och servera omedelbart.

Krispig stekt kyckling med kryddor

för 4 personer

1 lb/450 g kycklingkött, skuren i bitar

30 ml/2 matskedar sojasås

30 ml/2 msk plommonsås

45 ml/3 msk mangochutney

1 vitlöksklyfta, krossad

2,5 ml/½ tesked mald ingefära

några droppar konjak

30 ml/2 matskedar majsmjöl (majsstärkelse)

2 vispade ägg

4 oz/100 g/1 kopp torrt brödsmulor

30 ml/2 matskedar jordnötsolja (jordnötter)

6 vårlökar (grön lök), hackad

1 röd paprika, tärnad

1 grön paprika, tärnad

30 ml/2 matskedar sojasås

30 ml/2 matskedar honung

30 ml/2 msk vinäger

Lägg kycklingen i en skål. Blanda såser, chutney, vitlök, ingefära och konjak, häll över kycklingen, täck över och låt marinera i 2 timmar. Låt kycklingen rinna av och strö sedan över majsmjöl. Klä med ägg och sedan ströbröd. Hetta upp oljan och stek sedan kycklingen tills den är gyllenbrun. Ta bort från formen. Tillsätt grönsakerna och fräs i 4 minuter och ta sedan bort dem. Häll av oljan från pannan och lägg sedan tillbaka kycklingen och grönsakerna i pannan med de återstående ingredienserna. Koka upp och värm innan servering.

Gurka stekt kyckling

för 4 personer

8 oz/225 g kycklingkött

1 äggvita

2,5 ml/½ tesked majsmjöl (majsstärkelse)

salt

½ gurka

30 ml/2 matskedar jordnötsolja (jordnötter)

100g/4oz svamp

2 oz/50 g bambuskott, skurna i strimlor

50 g/2 oz tärnad skinka

15 ml/1 msk vatten

2,5 ml/½ tesked salt

2,5 ml/½ tesked risvin eller torr sherry

2,5 ml/½ tesked sesamolja

Hacka kycklingen och skär den i tärningar. Blanda med äggvitan, majsmjöl och salt och låt stå. Halvera gurkan på längden och skiva diagonalt i tjocka skivor. Hetta upp oljan och fräs kycklingen tills den fått lite färg, ta sedan ut den från pannan. Tillsätt gurkan och bambuskotten och stek i 1 minut. Lägg tillbaka kycklingen i pannan med skinka, vatten, salt och vin eller sherry. Koka upp och koka på svag värme tills kycklingen är mör. Servera med sesamolja.

för 4 personer

120 ml / 4 fl oz / ½ kopp jordnötsolja

4 bitar kyckling

1 hackad lök

5 ml/1 tsk currypulver

5 ml/1 tsk varm sås

15 ml/1 msk risvin eller torr sherry

2,5 ml/½ tesked salt

600 ml/1 pt/2½ dl kycklingbuljong

15 ml/1 msk majsmjöl (majsstärkelse)

45 ml/3 msk vatten

5 ml/1 tsk sesamolja

Hetta upp oljan och stek kycklingbitarna tills de är gyllenbruna på båda sidor, ta sedan ur pannan. Tillsätt lök, curry och chutney och fräs i 1 minut. Tillsätt vinet eller sherryn och saltet, blanda väl, lägg sedan tillbaka kycklingen i pannan och rör om igen. Tillsätt fonden, låt koka upp och låt sjuda i cirka 30 minuter tills kycklingen är mör. Om såsen inte har reducerats tillräckligt, blanda majsmjöl och vatten till en pasta, rör ner lite i såsen och låt sjuda under omrörning tills såsen tjocknar. Servera med sesamolja.

Kinesisk kycklingcurry

för 4 personer

45 ml/3 msk currypulver

1 lök, skivad

12 oz/350 g tärnad kyckling

150 ml/¼ pt/½ kopp generös kycklingfond

5 ml/1 tsk salt

10 ml/2 tsk majsmjöl (majsstärkelse)

15 ml/1 msk vatten

Värm currypulver och lök i en torr panna i 2 minuter, skaka pannan för att täcka löken. Tillsätt kycklingen och rör om tills den är väl täckt med currypulvret. Tillsätt fond och salt, låt koka upp, täck och låt sjuda i ca 5 minuter tills kycklingen är mör. Blanda majsmjöl och vatten till en pasta, lägg i grytan och låt sjuda under omrörning tills såsen tjocknar.

för 4 personer

1 pund/450 g kycklingbröst, skurna i tärningar

45 ml/3 msk risvin eller torr sherry

2 oz/50 g majsmjöl (majsstärkelse)

1 äggvita

salt

150 ml/¼ pt/½ kopp generös jordnötsolja

15 ml/1 msk currypulver

10 ml/2 tsk farinsocker

150 ml/¼ pt/½ kopp generös kycklingfond

Blanda kycklingtärningarna och sherryn. Reservera 10 ml/2 tsk majsmjöl. Vispa äggvitan med resterande majsmjöl och en nypa salt och rör sedan ner i kycklingen tills den är väl täckt. Hetta upp oljan och stek kycklingen tills den är genomstekt och gyllenbrun. Ta bort från pannan och rinna av allt utom 15 ml/1 msk olja. Tillsätt det reserverade majsmjölet, currypulvret och sockret och fräs i 1 minut. Tillsätt fonden, låt koka upp och låt sjuda under konstant omrörning tills såsen tjocknar.

Lägg tillbaka kycklingen i pannan, rör om och värm upp innan servering.

Kyckling och potatis curry

för 4 personer

45 ml/3 msk jordnötsolja

2,5 ml/½ tesked salt

1 vitlöksklyfta, krossad

1½ lb/750 g kyckling, skuren i tärningar

8 oz/225 g potatis i tärningar

4 lökar, skurna i fjärdedelar

15 ml/1 msk currypulver

450 ml/¾ kopp/2 koppar kycklingbuljong

8 oz/225 g svamp, skivad

Hetta upp oljan med salt och vitlök, tillsätt kycklingen och stek tills den fått lite färg. Tillsätt potatis, lök och curry och fräs i 2 minuter. Tillsätt fonden, låt koka upp, täck och låt sjuda i cirka 20 minuter tills kycklingen är genomstekt, rör om då och då. Tillsätt svampen, ta av locket och låt sjuda i ytterligare 10 minuter tills vätskan minskat.

Friterade kycklingfötter

för 4 personer

2 stora kycklinglår, utan ben

2 vårlökar (grön lök)

1 skiva ingefära, platt vispad

120 ml/½ kopp sojasås

5 ml/1 tsk risvin eller torr sherry

frityrolja

5 ml/1 tsk sesamolja

nymalen peppar

Bred ut kycklingköttet och markera det på alla sidor. Vispa 1 ny lök platt och hacka den andra. Blanda den tillplattade vårlöken med ingefära, soja och vin eller sherry. Häll över kycklingen och låt marinera i 30 minuter. Ta bort och dränera. Lägg på en plåt på ett ånggaller och ånga i 20 minuter.

Hetta upp oljan och stek kycklingen i ca 5 minuter tills den är gyllenbrun. Ta ur pannan, låt rinna av väl och skär i tjocka skivor, lägg sedan skivorna på ett varmt serveringsfat. Hetta upp sesamoljan, tillsätt den hackade vårlöken och paprikan, häll över kycklingen och servera.

Stekt kyckling med currysås

för 4 personer

1 ägg, lätt uppvispat

30 ml/2 matskedar majsmjöl (majsstärkelse)

¼ kopp/1 oz/25 g vanligt (all-purpose) mjöl

2,5 ml/½ tesked salt

8 oz/225 g kyckling, skuren i tärningar

frityrolja

30 ml/2 matskedar jordnötsolja (jordnötter)

30 ml/2 msk currypulver

60 ml/4 msk risvin eller torr sherry

Vispa ägget med maizena, mjöl och salt tills du har en tjock smet. Häll över kycklingen och rör om väl. Hetta upp oljan och stek kycklingen tills den är gyllenbrun och genomstekt. Värm under tiden oljan och stek currypulvret i 1 minut. Tillsätt vinet eller sherryn och låt koka upp. Lägg kycklingen på en varm tallrik och ringla över currysås.

berusad kyckling

för 4 personer

1 lb/450 g kycklingfilé, skuren i bitar

60 ml/4 matskedar sojasås

30 ml/2 msk hoisinsås

30 ml/2 msk plommonsås

30 ml/2 msk vinäger

2 vitlöksklyftor, krossade

nypa salt

några droppar chiliolja

2 äggvitor

60 ml/4 matskedar majsmjöl (majsstärkelse)

frityrolja

200 ml/½ pt/1 ¼ koppar risvin eller torr sherry

Lägg kycklingen i en skål. Blanda såser och vinäger, vitlök, salt och chiliolja, häll över kycklingen och marinera i kylen i 4 timmar. Vispa äggvitorna hårt och tillsätt majsmjölet. Ta bort kycklingen från marinaden och täck med äggviteblandningen. Hetta upp oljan och stek kycklingen tills den är genomstekt

149

och gyllenbrun. Låt rinna av väl på absorberande papper och lägg i en skål. Häll över vinet eller sherryn, täck över och låt marinera i kylen i 12 timmar. Ta bort kycklingen från vinet och servera kyld.

Smaklig kyckling med ägg

för 4 personer

30 ml/2 matskedar jordnötsolja (jordnötter)

4 bitar kyckling

2 salladslökar (grön lök), hackad

1 vitlöksklyfta, krossad

1 skiva ingefära, hackad

6 fl oz/175 ml/¾ kopp sojasås

30 ml/2 msk risvin eller torr sherry

30 ml/2 msk farinsocker

5 ml/1 tsk salt

375 ml/13 fl oz/1½ kopp vatten

4 hårdkokta ägg (kokta)

15 ml/1 msk majsmjöl (majsstärkelse)

Hetta upp oljan och stek kycklingbitarna gyllenbruna. Tillsätt vårlöken, vitlöken och ingefäran och fräs i 2 minuter. Tillsätt sojasås, vin eller sherry, socker och salt och blanda väl. Tillsätt vattnet och låt koka upp, täck och låt sjuda i 20 minuter. Tillsätt de hårdkokta äggen, täck över och koka i ytterligare 15 minuter. Blanda majsmjölet med lite vatten, rör ner i såsen och låt sjuda under omrörning tills såsen tunnar ut och tjocknar.

Kycklingäggrullar

för 4 personer

4 torkade kinesiska svampar

4 oz/100 g kyckling, skuren i strimlor

5 ml/1 tesked majsmjöl (majsstärkelse)

15 ml/1 msk sojasås

2,5 ml/½ tesked salt

2,5 ml/½ tesked socker

60 ml/4 msk jordnötsolja

8 oz/225 g böngroddar

3 salladslökar (grön lök), hackad

100 g/4 oz spenat

12 vårrullskinn

1 uppvispat ägg

frityrolja

Blötlägg svampen i ljummet vatten i 30 minuter, låt sedan
rinna av. Kassera stjälkarna och hacka locken. Lägg
kycklingen i en skål. Blanda majsmjölet med 5 ml/1 tsk
sojasås, salt och socker och blanda ner i kycklingen. Låt vila i
15 minuter. Hetta upp hälften av oljan och stek kycklingen tills
den fått lite färg. Blanchera böngroddarna i kokande vatten i 3

minuter och låt dem rinna av. Hetta upp resten av oljan och fräs vårlöken lätt gyllene. Tillsätt svamp, böngroddar, spenat och resterande sojasås. Tillsätt kycklingen och fräs i 2 minuter. Låt svalna. Lägg lite fyllning i mitten av varje skinn och pensla kanterna med uppvispat ägg. Vik sidorna och rulla sedan vårrullarna, förslut kanterna med ägg. Hetta upp oljan och stek vårrullarna tills de är gyllene och krispiga.

för 4 personer

30 ml/2 matskedar jordnötsolja (jordnötter)

4 kycklingbröstfiléer, skurna i strimlor

1 röd paprika, skuren i strimlor

1 grön paprika, skuren i strimlor

45 ml/3 msk sojasås

45 ml/3 msk risvin eller torr sherry

250 ml/8 fl oz/1 kopp kycklingbuljong

4 oz/100 g isbergssallat, strimlad

5 ml/1 tsk farinsocker

30 ml/2 msk hoisinsås

salt och peppar

15 ml/1 msk majsmjöl (majsstärkelse)

30 ml/2 msk vatten

4 ägg

30 ml/2 msk sherry

Hetta upp oljan och stek kycklingen och paprikan gyllenbrun. Tillsätt sojasås, vin eller sherry och fond, låt koka upp, täck och låt sjuda i 30 minuter. Tillsätt sallad, socker och hoisinsås och smaka av med salt och peppar. Blanda majsmjöl och vatten, tillsätt såsen och låt koka upp under omrörning. Vispa äggen med sherryn och stek dem till tunna tortillas. Strö över salt och peppar och skär i strimlor. Lägg upp på ett varmt serveringsfat och häll över kycklingen.

fjärran östern kyckling

för 4 personer

60 ml/4 msk jordnötsolja

1 lb/450 g kycklingkött, skuren i bitar

2 vitlöksklyftor, krossade

2,5 ml/½ tesked salt

2 lökar, hackade

2 bitar ingefära, hackade

45 ml/3 msk sojasås

30 ml/2 msk hoisinsås

45 ml/3 msk risvin eller torr sherry

300 ml/½ pt/1¼ kopp kycklingfond

5 ml/1 tsk nymalen peppar

6 hårdkokta ägg (kokta), hackade

15 ml/1 msk majsmjöl (majsstärkelse)

15 ml/1 msk vatten

Hetta upp oljan och stek kycklingen tills den är gyllenbrun.

Tillsätt vitlök, salt, lök och ingefära och fräs i 2 minuter.

Tillsätt sojasås, hoisinsås, vin eller sherry, buljong och peppar.

Koka upp, täck och koka på låg värme i 30 minuter. Tillsätt
äggen. Blanda majsmjöl och vatten och tillsätt till såsen. Koka
upp och låt sjuda under omrörning tills såsen tjocknar.

foo yung kyckling

för 4 personer

6 vispade ägg

45 ml/3 matskedar majsmjöl (majsstärkelse)

4 oz/100 g svamp, grovt hackad

8 oz/225 g kycklingbröst, tärnad

1 lök, finhackad

5 ml/1 tsk salt

45 ml/3 msk jordnötsolja

Vispa upp äggen och tillsätt sedan majsmjölet. Tillsätt alla
övriga ingredienser utom oljan. Värm oljan. Häll blandningen i
pannan lite i taget för att göra små pannkakor ca 7,5 cm breda.
Koka tills botten är gyllenbrun, vänd sedan och tillaga den
andra sidan.

Skinka och Chicken Foo Yung

för 4 personer

6 vispade ägg

45 ml/3 matskedar majsmjöl (majsstärkelse)

100 g/4 oz tärnad skinka

8 oz/225 g kycklingbröst, tärnad

3 vårlökar (grön lök), finhackad

5 ml/1 tsk salt

45 ml/3 msk jordnötsolja

Vispa upp äggen och tillsätt sedan majsmjölet. Tillsätt alla övriga ingredienser utom oljan. Värm oljan. Häll blandningen i pannan lite i taget för att göra små pannkakor ca 7,5 cm breda. Koka tills botten är gyllenbrun, vänd sedan och tillaga den andra sidan.

Ingefära stekt kyckling

för 4 personer

1 kyckling, halverad

4 skivor ingefära rot, krossad

30 ml/2 msk risvin eller torr sherry

30 ml/2 matskedar sojasås

5 ml/1 tsk socker

frityrolja

Lägg kycklingen i en grund skål. Blanda ingefära, vin eller sherry, sojasås och socker, häll över kycklingen och gnid in i skinnet. Låt marinera i 1 timme. Hetta upp oljan och stek kycklingen, en halv i taget, tills den får färg. Ta bort från oljan och låt svalna något medan du återuppvärmer oljan. Lägg tillbaka kycklingen i pannan och stek tills den fått färg och genomstekt. Låt rinna av väl före servering.

Ingefärskyckling

för 4 personer

8 oz/225 g kyckling, tunt skivad

1 äggvita

nypa salt

2,5 ml/½ tesked majsmjöl (majsstärkelse)

15 ml/1 msk jordnötsolja

10 skivor ingefärarot

6 champinjoner, halverade

1 morot, skivad

2 salladslökar (grön lök), skivad

5 ml/1 tsk risvin eller torr sherry

5 ml/1 tsk vatten

2,5 ml/½ tesked sesamolja

Blanda kycklingen med äggvitan, salt och maizena. Hetta upp
hälften av oljan och stek kycklingen tills den fått lite färg, ta

sedan ur pannan. Hetta upp resten av oljan och fräs ingefära, svamp, morot och vårlök i 3 minuter. Lägg tillbaka kycklingen i pannan med vin eller sherry och vatten och låt puttra tills kycklingen är mjuk. Servera med sesamolja.

Ingefära kyckling med champinjoner och kastanjer

för 4 personer

60 ml/4 msk jordnötsolja

8 oz/225 g lök, skivad

1 pund/450 g kycklingkött, i tärningar

4 oz/100 g svamp, skivad

2 msk/30 ml vanligt (all-purpose) mjöl

60 ml/4 matskedar sojasås

10 ml/2 tsk socker

salt och nymalen peppar

900 ml/1½ pt/3¾ koppar varmt vatten

2 skivor ingefära, hackad

1 lb/450 g vattenkastanjer

Hetta upp hälften av oljan och fräs löken i 3 minuter och ta sedan bort dem från pannan. Hetta upp den återstående oljan och stek kycklingen tills den fått lite färg.

Tillsätt svampen och koka i 2 minuter. Strö över mjölblandningen och tillsätt sedan soja, socker, salt och peppar. Häll i vattnet och ingefäran, löken och kastanjerna. Koka upp, täck och låt sjuda i 20 minuter. Ta av locket och fortsätt att sjuda tills såsen har minskat.

för 4 personer

8 små kycklingbitar

300 ml/½ pt/1¼ kopp kycklingfond

45 ml/3 msk sojasås

15 ml/1 msk risvin eller torr sherry

5 ml/1 tsk socker

1 skivad ingefära rot, hackad

Lägg alla ingredienser i en stor kastrull, låt koka upp, täck och låt sjuda i cirka 30 minuter tills kycklingen är genomstekt. Ta av locket och fortsätt att sjuda tills såsen har minskat.

Marinerad gyllene kycklinggryta

för 4 personer

4 bitar kyckling

300 ml/½ pt/1¼ kopp sojasås

frityrolja

4 vårlökar (grön lök), tjockt skivade

1 skiva ingefära, hackad

2 röda paprikor, skivade

3 stjärnanis nejlikor

2 oz/50 g bambuskott, skivade

150 ml/1½ pt/generös ½ kopp kycklingfond

30 ml/2 matskedar majsmjöl (majsstärkelse)

60 ml/4 msk vatten

5 ml/1 tsk sesamolja

Skär kycklingen i stora bitar och marinera i soja i 10 minuter. Ta bort och låt rinna av, spara sojasåsen. Hetta upp oljan och stek kycklingen i ca 2 minuter tills den fått lite färg. Ta bort och dränera. Häll i allt utom 30 ml/2 msk olja, tillsätt sedan salladslöken, ingefäran, paprikan och stjärnanisen och fräs i 1 minut. Lägg tillbaka kycklingen i pannan med bambuskotten och reserverad sojasås och tillsätt tillräckligt med buljong för att täcka kycklingen. Koka upp och låt sjuda i cirka 10 minuter tills kycklingen är mör. Ta bort kycklingen från såsen med en hålslev och lägg den på ett varmt serveringsfat. Sila såsen och lägg sedan tillbaka den i kastrullen. Blanda majsmjöl och vatten tills du får en pasta,

guldmynt

för 4 personer

4 kycklingbröstfiléer

30 ml/2 matskedar honung

30 ml/2 msk vinäger

30 ml/2 matskedar tomatsås (ketchup)

30 ml/2 matskedar sojasås

nypa salt

2 vitlöksklyftor, krossade

5 ml/1 tsk pulver med fem kryddor

3 msk/45 ml vanligt (all-purpose) mjöl

2 vispade ägg

5 ml/1 tsk riven ingefärsrot

5 ml/1 tsk rivet citronskal

4 oz/100 g/1 kopp torrt brödsmulor

frityrolja

Lägg kycklingen i en skål. Blanda ihop honung, vinäger, tomatsås, sojasås, salt, vitlök och femkryddspulver. Häll över kycklingen, blanda väl, täck över och marinera i kylen i 12 timmar.

Ta ut kycklingen från marinaden och skär i fingertjocka strimlor. Strö över mjöl. Vispa ner ägg, ingefära och citronskal. Häll kycklingen i blandningen och sedan i ströbröd tills den är jämnt täckt. Hetta upp oljan och stek kycklingen tills den är gyllenbrun.

Ångad kyckling med skinka

för 4 personer

4 portioner kyckling
100g/4oz hackad rökt skinka
3 salladslökar (grön lök), hackad
15 ml/1 msk jordnötsolja
salt och nymalen peppar
15 ml/1 msk plattbladspersilja

Skär kycklingportionerna i 1/5 cm bitar och lägg dem i en ugnssäker skål med skinkan och vårlöken. Ringla över olja och smaka av med salt och peppar, blanda sedan försiktigt ingredienserna. Ställ skålen på ett galler i en ångkokare, täck över och ånga över kokande vatten i ca 40 minuter tills kycklingen är mör. Servera garnerad med persilja.

Kyckling med hoisinsås

för 4 personer

4 portioner kyckling, halverad

50 g/2 oz/½ kopp majsmjöl (majsstärkelse)

frityrolja

10 ml/2 tsk riven ingefärarot

2 lökar, hackade

8 oz/225 g broccolibuketter

1 hackad röd paprika

8 oz/225 g svamp

250 ml/8 fl oz/1 kopp kycklingbuljong

45 ml/3 msk risvin eller torr sherry

45 ml/3 msk äppelcidervinäger

45 ml/3 msk hoisinsås

20 ml/4 tsk sojasås

Klä kycklingbitarna med hälften av majsmjölet. Hetta upp oljan och stek kycklingbitarna några åt gången i ca 8 minuter tills de är gyllenbruna och genomstekta. Ta bort från pannan och låt rinna av på hushållspapper. Ta bort alla utom 2 msk/30 ml olja från pannan och fräs ingefäran i 1 minut. Tillsätt löken och fräs i 1 minut. Tillsätt broccoli, paprika och svamp och fräs i 2 minuter. Blanda buljongen med det reserverade majsmjölet och övriga ingredienser och lägg i pannan. Koka upp, rör om och koka tills såsen är klar. Lägg tillbaka kycklingen i woken och koka under omrörning i cirka 3 minuter tills den är genomvärmd.

Honungskyckling

för 4 personer

30 ml/2 matskedar jordnötsolja (jordnötter)

4 bitar kyckling

30 ml/2 matskedar sojasås

120 ml/4 fl oz/½ kopp risvin eller torr sherry

30 ml/2 matskedar honung

5 ml/1 tsk salt

1 vårlök (grön lök), hackad

1 skiva ingefära, finhackad

Hetta upp oljan och stek kycklingen tills den är gyllenbrun på alla sidor. Tappa ur överflödig olja. Blanda resten av ingredienserna och häll i formen. Koka upp, täck och låt koka på svag värme i ca 40 minuter tills kycklingen är genomstekt.

Kung Pao kyckling

för 4 personer

1 pund/450 g kyckling, skuren i tärningar

1 äggvita

5 ml/1 tsk salt

30 ml/2 matskedar majsmjöl (majsstärkelse)

60 ml/4 msk jordnötsolja

1 oz/25 g torkad röd chilipeppar, hackad

5 ml/1 tsk hackad vitlök

15 ml/1 msk sojasås

15 ml/1 msk risvin eller torr sherry 5 ml/1 tsk socker

5 ml/1 tesked vinäger

5 ml/1 tsk sesamolja

30 ml/2 msk vatten

Lägg kycklingen i en skål med äggvitan, saltet och hälften av majsstärkelsen och låt marinera i 30 minuter. Hetta upp oljan och stek kycklingen tills den fått lite färg, ta sedan ut den från pannan. Hetta upp oljan och fräs chili och vitlök i 2 minuter. Lägg tillbaka kycklingen i pannan med soja, vin eller sherry, socker, vinäger och sesamolja och fräs i 2 minuter. Kombinera det återstående majsmjölet med vattnet, rör ner det i grytan och låt sjuda under omrörning tills såsen tunnar ut och tjocknar.

Kyckling med purjolök

för 4 personer

30 ml/2 matskedar jordnötsolja (jordnötter)

5 ml/1 tsk salt

8 oz/225 g purjolök, skivad

1 skiva ingefära, hackad

8 oz/225 g kyckling, tunt skivad

15 ml/1 msk risvin eller torr sherry

15 ml/1 msk sojasås

Hetta upp hälften av oljan och fräs saltet och purjolöken tills det får färg, ta sedan ur pannan. Hetta upp den återstående oljan och stek ingefäran och kycklingen tills de fått lite färg. Tillsätt vinet eller sherryn och sojasåsen och stek ytterligare 2 minuter tills kycklingen är genomstekt. Lägg tillbaka purjolöken i pannan och rör om tills den är genomvärmd. Servera omedelbart.

Citronkyckling

för 4 personer

4 benfria kycklingbröst

2 ägg

50 g/2 oz/½ kopp majsmjöl (majsstärkelse)

½ kopp/50 g vanligt (all-purpose) mjöl

150 ml/¼ pt/½ generös kopp vatten

jordnötsolja (jordnöts) för stekning

250 ml/8 fl oz/1 kopp kycklingbuljong

60 ml/5 matskedar citronsaft

30 ml/2 msk risvin eller torr sherry

30 ml/2 matskedar majsmjöl (majsstärkelse)

30 ml/2 msk tomatpuré (pasta)

1 salladshuvud

Skär varje kycklingbröst i 4 bitar. Vispa ihop ägg, majsmjöl
och vanligt mjöl, tillsätt precis tillräckligt med vatten för att
göra en tjock smet. Lägg kycklingbitarna i smeten och rör tills

de är helt täckta. Hetta upp oljan och stek kycklingen tills den är gyllenbrun och genomstekt.

Blanda under tiden fond, citronsaft, vin eller sherry, majsmjöl och tomatpuré och värm försiktigt under omrörning tills blandningen kokar upp. Koka på låg värme under konstant omrörning tills såsen tjocknar och blir klar. Lägg upp kycklingen på ett varmt serveringsfat på en bädd av salladsblad och toppa med såsen eller servera separat.

Stek citronkyckling

för 4 personer

1 pund/450 g benfri kyckling, skivad

30 ml/2 matskedar citronsaft

15 ml/1 msk sojasås

15 ml/1 msk risvin eller torr sherry

30 ml/2 matskedar majsmjöl (majsstärkelse)

30 ml/2 matskedar jordnötsolja (jordnötter)

2,5 ml/½ tesked salt

2 vitlöksklyftor, krossade

2 oz/50 g vattenkastanjer, skurna i strimlor

2 oz/50 g bambuskott, skurna i strimlor

några porslinsblad skurna i strimlor

60 ml/4 msk kycklingfond

15 ml/1 msk tomatpuré (pasta)

15 ml/1 matsked socker

15 ml/1 matsked citronsaft

Lägg kycklingen i en skål. Blanda citronsaft, sojasås, vin eller sherry och 15 ml/1 msk majsmjöl, häll över kycklingen och låt marinera i 1 timme, rör om då och då.

Hetta upp olja, salt och vitlök tills vitlöken är lätt brynt, tillsätt sedan kycklingen och marinaden och fräs i ca 5 minuter tills kycklingen är lätt brynt. Tillsätt vattenkastanjerna, bambuskotten och porslinsbladen och fräs i ytterligare 3 minuter eller tills kycklingen är genomstekt. Tillsätt de återstående ingredienserna och fräs i ca 3 minuter tills såsen klarnar och tjocknar.

Kycklinglever med bambuskott

för 4 personer

8 oz/225 g kycklinglever, tjockt skivad

45 ml/3 msk risvin eller torr sherry

45 ml/3 msk jordnötsolja

15 ml/1 msk sojasås

4 oz/100 g bambuskott, skivade

4 oz/100 g vattenkastanjer, skivade

60 ml/4 msk kycklingfond

salt och nymalen peppar

Blanda kycklinglevrarna med vinet eller sherryn och låt vila i 30 minuter. Hetta upp oljan och stek kycklinglevrarna tills de fått lite färg. Tillsätt marinaden, sojasås, bambuskott, vattenkastanjer och buljong. Koka upp och smaka av med salt och peppar. Täck över och låt sjuda i cirka 10 minuter tills de är mjuka.

stekt kycklinglever

för 4 personer

1 lb/450 g kycklinglever, halverad
50 g/2 oz/½ kopp majsmjöl (majsstärkelse)
frityrolja

Klappa kycklinglever torra, strö sedan över majsmjöl och skaka bort eventuellt överskott. Hetta upp oljan och stek kycklinglevrarna i några minuter tills de är gyllene och genomstekta. Låt rinna av på absorberande papper innan servering.

Kycklinglever med mangetout

för 4 personer

8 oz/225 g kycklinglever, tjockt skivad

10 ml/2 tsk majsmjöl (majsstärkelse)

10 ml/2 tsk risvin eller torr sherry

15 ml/1 msk sojasås

45 ml/3 msk jordnötsolja

2,5 ml/½ tesked salt

2 skivor ingefära, hackad

4 oz/100 g snöärter

10 ml/2 tsk majsmjöl (majsstärkelse)

60 ml/4 msk vatten

Lägg kycklinglevrarna i en skål. Tillsätt majsmjöl, vin eller sherry och sojasås och blanda väl för att täcka. Hetta upp

176

hälften av oljan och fräs saltet och ingefäran tills det fått färg.
Tillsätt snöärtorna och fräs tills de är väl täckta med olja, ta
sedan ur pannan. Hetta upp den återstående oljan och stek
kycklinglevrarna i 5 minuter tills de är genomstekta. Blanda
majsmjöl och vatten till en pasta, lägg i grytan och låt sjuda
under omrörning tills såsen tunnar ut och tjocknar. Lägg
tillbaka snöärtorna i pannan och låt puttra tills de är
genomvärmda.

Kycklinglever med nudelpannkakor

för 4 personer

30 ml/2 matskedar jordnötsolja (jordnötter)

1 lök, skivad

1 lb/450 g kycklinglever, halverad

2 stjälkar selleri, skivade

120 ml/4 fl oz/½ kopp kycklingbuljong

15 ml/1 msk majsmjöl (majsstärkelse)

15 ml/1 msk sojasås

30 ml/2 msk vatten

nudelpannkaka

Hetta upp oljan och fräs löken tills den mjuknat. Tillsätt
kycklinglever och fräs tills de fått färg. Tillsätt sellerin och fräs

i 1 minut. Tillsätt fonden, låt koka upp, täck över och låt sjuda i 5 minuter. Blanda majsmjöl, soja och vatten till en pasta, lägg i pannan och låt sjuda under omrörning tills såsen tunnar ut och tjocknar. Häll blandningen över nudelpannkakan och servera.

Kycklinglever med ostronsås

för 4 personer

45 ml/3 msk jordnötsolja

1 hackad lök

8 oz/225 g kycklinglever, halverad

4 oz/100 g svamp, skivad

30 ml/2 matskedar ostronsås

15 ml/1 msk sojasås

15 ml/1 msk risvin eller torr sherry

120 ml/4 fl oz/½ kopp kycklingbuljong

5 ml/1 tsk socker

15 ml/1 msk majsmjöl (majsstärkelse)

45 ml/3 msk vatten

Hetta upp hälften av oljan och fräs löken tills den är mjuk.
Lägg i kycklinglevrarna och bryn dem tills de fått färg. Tillsätt
svampen och bryn i 2 minuter. Blanda ostronsås, soja, vin eller
sherry, fond och socker, häll i kastrullen och låt koka upp
under omrörning. Blanda majsmjöl och vatten till en pasta,
lägg i grytan och låt sjuda under omrörning tills såsen tunnar
ut och tjocknar och levern är mjuk.

Kycklinglever med ananas

för 4 personer

8 oz/225 g kycklinglever, halverad

45 ml/3 msk jordnötsolja

30 ml/2 matskedar sojasås

15 ml/1 msk majsmjöl (majsstärkelse)

15 ml/1 matsked socker

15 ml/1 msk vinäger

salt och nymalen peppar

4 oz/100 g ananasbitar

60 ml/4 msk kycklingfond

Blanchera kycklinglevrarna i kokande vatten i 30 sekunder och
låt rinna av. Hetta upp oljan och fräs kycklinglevrarna i 30

sekunder. Kombinera sojasås, majsmjöl, socker, vinäger, salt och peppar, häll i pannan och rör om väl så att kycklinglevrarna täcks. Tillsätt ananasbitarna och fonden och fräs i cirka 3 minuter tills levern är kokt.

Sötsyrlig kycklinglever

för 4 personer

30 ml/2 matskedar jordnötsolja (jordnötter)

1 lb/450 g kycklinglever, i fjärdedelar

2 grön paprika, skuren i bitar

4 skivor konserverad ananas, skuren i bitar

60 ml/4 msk kycklingfond

30 ml/2 matskedar majsmjöl (majsstärkelse)

10 ml/2 tsk sojasås

100 g/4 oz/½ kopp socker

120 ml/4 fl oz/½ kopp vinäger

120 ml/4 oz/½ kopp vatten

Hetta upp oljan och stek levern tills de fått lite färg, lägg sedan över på en varm serveringsfat. Tillsätt paprikan i pannan och fräs i 3 minuter. Tillsätt ananas och fond, låt koka upp, täck och låt sjuda i 15 minuter. Blanda de återstående ingredienserna till en pasta, rör ner dem i pannan och koka på låg värme under omrörning tills såsen tjocknar. Häll över kycklinglevrarna och servera.

litchi kyckling

för 4 personer

3 kycklingbröst

60 ml/4 matskedar majsmjöl (majsstärkelse)

45 ml/3 msk jordnötsolja

5 vårlökar (grön lök), skivade

1 röd paprika, skuren i bitar

120 ml/4 fl oz/½ kopp tomatsås

120 ml/4 fl oz/½ kopp kycklingbuljong

5 ml/1 tsk socker

10 oz/275 g skalade litchi

Skär kycklingbrösten på mitten och ta bort och kassera ben och skinn. Skär varje bröst i 6. Spara 5 ml/1 tsk majsmjöl och släng kycklingen i resten tills den är väl täckt. Hetta upp oljan och fräs kycklingen i ca 8 minuter tills den är gyllenbrun. Tillsätt gräslöken och paprikan och fräs i 1 minut. Blanda tomatsåsen, hälften av buljongen och sockret och blanda i woken med litchi. Koka upp, täck och låt sjuda i cirka 10 minuter tills kycklingen är genomstekt. Kombinera det reserverade majsmjölet och buljongen och rör sedan ner det i grytan. Koka på låg värme under omrörning tills såsen tunnar ut och tjocknar.

Kyckling med litchisås

för 4 personer

8 oz/225 g kyckling

1 vårlök (schalottenlök)

4 vattenkastanjer

30 ml/2 matskedar majsmjöl (majsstärkelse)

45 ml/3 msk sojasås

30 ml/2 msk risvin eller torr sherry

2 äggvitor

frityrolja

14 oz/400 g konserverad litchi i sirap

5 matskedar kycklingbuljong

Hacka (mal) kycklingen med gräslöken och vattenkastanjerna.
Blanda hälften av majsmjölet, 30ml/2 msk sojasås, vinet eller
sherryn och äggvitan. Forma blandningen till valnötsstora
bollar. Hetta upp oljan och stek kycklingen tills den är
gyllenbrun. Låt rinna av på hushållspapper.

Värm under tiden försiktigt litchisirapen med buljongen och
reserverad sojasås. Blanda resten av majsmjölet med lite
vatten, häll det i kastrullen och låt koka på låg värme under
omrörning tills såsen tunnar ut och tjocknar. Tillsätt litchi och
låt sjuda så att det blir genomvarmt. Lägg upp kycklingen på
ett varmt serveringsfat, häll över litchi och sås och servera
genast.

kyckling med snöärter

för 4 personer

8 oz/225 g kyckling, tunt skivad

5 ml/1 tesked majsmjöl (majsstärkelse)

5 ml/1 tsk risvin eller torr sherry

5 ml/1 tsk sesamolja

1 äggvita, lätt vispad

45 ml/3 msk jordnötsolja

1 vitöksklyfta, krossad

1 skiva ingefära, hackad

4 oz/100 g snöärter

120 ml/4 fl oz/½ kopp kycklingbuljong

salt och nymalen peppar

Kasta kycklingen med majsmjöl, vin eller sherry, sesamolja och äggvita. Hetta upp hälften av oljan och fräs vitlök och ingefära tills de fått lite färg. Tillsätt kycklingen och stek tills den är gyllenbrun, ta sedan bort från pannan. Hetta upp den återstående oljan och stek snöärtorna i 2 minuter. Tillsätt buljongen, låt koka upp, täck och låt sjuda i 2 minuter. Lägg tillbaka kycklingen i pannan och smaka av med salt och peppar. Koka på låg värme tills den är genomvärmd.

mango kyckling

för 4 personer

1 kopp/4 oz/100 g vanligt mjöl (all-purpose)

250 ml/8 fl oz/1 kopp vatten

2,5 ml/½ tesked salt

nypa bakpulver

3 kycklingbröst

frityrolja

1 skiva ingefära, hackad

150 ml/¼ pt/½ kopp generös kycklingfond

45 ml/3 msk vinäger

45 ml/3 msk risvin eller torr sherry

20 ml/4 tsk sojasås

10 ml/2 tsk socker

10 ml/2 tsk majsmjöl (majsstärkelse)

5 ml/1 tsk sesamolja

5 vårlökar (grön lök), skivade

11 oz/400 g konserverad mango, avrunnen och skivad

Vispa ihop mjöl, vatten, salt och bakpulver. Låt vila i 15 minuter. Ta bort och kassera skinn och ben från kycklingen. Skär kycklingen i tunna strimlor. Blanda ner dem i mjölblandningen. Hetta upp oljan och stek kycklingen i ca 5 minuter tills den är gyllenbrun. Ta bort från pannan och låt rinna av på hushållspapper. Ta bort allt utom 15 ml/1 msk olja från woken och fräs ingefäran tills den får färg. Blanda buljongen med vin, vin eller sherryvinäger, sojasås, socker, majsmjöl och sesamolja. Lägg i pannan och låt koka upp under omrörning. Tillsätt gräslöken och låt sjuda i 3 minuter. Tillsätt kycklingen och mangon och låt sjuda under omrörning i 2 minuter.

Melon fylld med kyckling

för 4 personer

12 oz/350 g kycklingkött

6 vattenkastanjer

2 skalade pilgrimsmusslor

4 skivor ingefärarot

5 ml/1 tsk salt

15 ml/1 msk sojasås

600 ml/1 pt/2½ dl kycklingbuljong

8 små eller 4 medelstora cantaloupemeloner

Finhacka kyckling, kastanjer, pilgrimsmusslor och ingefära och blanda med salt, soja och buljong. Skär toppen av melonerna och ta bort kärnorna. Såga av de övre kanterna. Fyll melonerna med kycklingblandningen och lägg dem på ett galler i en ångkokare. Ånga över kokande vatten i 40 minuter tills kycklingen är genomstekt.

Woka upp kyckling och svamp

för 4 personer

45 ml/3 msk jordnötsolja

1 vitlöksklyfta, krossad

1 vårlök (grön lök), hackad

1 skiva ingefära, hackad

8 oz/225 g kycklingbröst, skuren i strimlor

8 oz/225 g svamp

45 ml/3 msk sojasås

15 ml/1 msk risvin eller torr sherry

5 ml/1 tesked majsmjöl (majsstärkelse)

Hetta upp oljan och fräs vitlök, vårlök och ingefära tills de fått lite färg. Tillsätt kycklingen och fräs i 5 minuter. Tillsätt svampen och bryn i 3 minuter. Tillsätt sojasås, vin eller sherry och majsmjöl och fräs i ca 5 minuter tills kycklingen är genomstekt.

Kyckling med svamp och jordnötter

för 4 personer

30 ml/2 matskedar jordnötsolja (jordnötter)

2 vitlöksklyftor, krossade

1 skiva ingefära, hackad

1 pund/450 g benfri kyckling, i tärningar

8 oz/225 g svamp

4 oz/100 g bambuskott, skurna i strimlor

1 grön paprika, skuren i tärningar

1 röd paprika, tärnad

250 ml/8 fl oz/1 kopp kycklingbuljong

30 ml/2 msk risvin eller torr sherry

15 ml/1 msk sojasås

15 ml/1 msk tabascosås

30 ml/2 matskedar majsmjöl (majsstärkelse)

30 ml/2 msk vatten

Hetta upp olja, vitlök och ingefära tills vitlöken är lätt gyllene. Tillsätt kycklingen och fräs tills den fått lite färg. Tillsätt svamp, bambuskott och paprika och fräs i 3 minuter. Tillsätt fond, vin eller sherry, soja och tabascosås och låt koka upp under omrörning. Täck över och låt sjuda i cirka 10 minuter tills kycklingen är genomstekt. Blanda majsmjöl och vatten och lägg i såsen. Sjud under omrörning tills såsen ljusnar och tjocknar, tillsätt lite mer fond eller vatten om såsen är för tjock.

Stekt kyckling med svamp

för 4 personer

6 torkade kinesiska svampar

1 kycklingbröst, tunt skivad

1 skiva ingefära, hackad

2 salladslökar (grön lök), hackad

15 ml/1 msk majsmjöl (majsstärkelse)

15 ml/1 msk risvin eller torr sherry

30 ml/2 msk vatten

2,5 ml/½ tesked salt

45 ml/3 msk jordnötsolja

8 oz/225 g svamp, skivad

4 oz/100 g böngroddar

15 ml/1 msk sojasås

5 ml/1 tsk socker

120 ml/4 fl oz/½ kopp kycklingbuljong

Blötlägg svampen i ljummet vatten i 30 minuter, låt sedan rinna av. Kassera stjälkarna och skär av topparna. Lägg kycklingen i en skål. Blanda ingefära, vårlök, majsmjöl, vin eller sherry, vatten och salt, tillsätt kycklingen och låt stå i 1 timme. Hetta upp hälften av oljan och fräs kycklingen tills den fått lite färg, ta sedan ut den från pannan. Hetta upp den återstående oljan och stek de torkade och färska svamparna och böngroddarna i 3 minuter. Tillsätt sojasås, socker och fond, låt koka upp, täck och låt sjuda i 4 minuter tills grönsakerna är mjuka. Lägg tillbaka kycklingen i pannan, blanda väl och värm upp försiktigt innan servering.

Ångad kyckling med svamp

för 4 personer

4 bitar kyckling

30 ml/2 matskedar majsmjöl (majsstärkelse)

30 ml/2 matskedar sojasås

3 salladslökar (grön lök), hackad

2 skivor ingefära, hackad

2,5 ml/½ tesked salt

4 oz/100 g svamp, skivad

Skär kycklingbitarna i 5 cm/2 bitar och lägg dem i en ugnssäker skål. Blanda majsmjöl och soja till en pasta, tillsätt vårlök, ingefära och salt och blanda väl med kycklingen. Tillsätt svampen försiktigt. Ställ skålen på ett galler i en ångkokare, täck över och ånga över kokande vatten i ca 35 minuter tills kycklingen är mör.

kyckling med lök

för 4 personer

60 ml/4 msk jordnötsolja

2 lökar, hackade

1 pund/450 g kyckling, skivad

30 ml/2 msk risvin eller torr sherry

250 ml/8 fl oz/1 kopp kycklingbuljong

45 ml/3 msk sojasås

30 ml/2 matskedar majsmjöl (majsstärkelse)

45 ml/3 msk vatten

Hetta upp oljan och fräs löken tills den fått lite färg. Tillsätt kycklingen och stek tills den fått lite färg. Tillsätt vin eller sherry, fond och soja, låt koka upp, täck och låt sjuda i 25 minuter tills kycklingen är mjuk. Blanda majsmjöl och vatten till en pasta, lägg i grytan och låt sjuda under omrörning tills såsen tunnar ut och tjocknar.

Apelsin och citron kyckling

för 4 personer

1 lb/350 g kycklingkött, skuren i strimlor

30 ml/2 matskedar jordnötsolja (jordnötter)

2 vitlöksklyftor, krossade

2 skivor ingefära, hackad

rivet skal av ½ apelsin

skal av ½ citron

45 ml/3 matskedar apelsinjuice

45 ml/3 matskedar citronsaft

15 ml/1 msk sojasås

3 salladslökar (grön lök), hackad

15 ml/1 msk majsmjöl (majsstärkelse)

45 ml/1 msk vatten

Blanchera kycklingen i kokande vatten i 30 sekunder och låt den rinna av. Hetta upp oljan och fräs vitlök och ingefära i 30 sekunder. Tillsätt apelsin- och citronskal och -saft, sojasås och salladslök och fräs i 2 minuter. Tillsätt kycklingen och låt puttra några minuter tills kycklingen är mör. Blanda majsmjöl och vatten till en pasta, lägg i grytan och låt sjuda under omrörning tills såsen tjocknar.

Kyckling med ostronsås

för 4 personer

30 ml/2 matskedar jordnötsolja (jordnötter)

1 vitlöksklyfta, krossad

1 skiva ingefära, finhackad

193

1 pund/450 g kyckling, skivad

250 ml/8 fl oz/1 kopp kycklingbuljong

30 ml/2 matskedar ostronsås

15 ml/1 msk risvin eller sherry

5 ml/1 tsk socker

Hetta upp oljan med vitlök och ingefära och fräs tills den fått lite färg. Tillsätt kycklingen och fräs i ca 3 minuter tills den fått lite färg. Tillsätt fond, ostronsås, vin eller sherry och socker, låt koka upp under omrörning, täck sedan och låt sjuda i cirka 15 minuter, rör om då och då, tills kycklingen är genomstekt. Ta av locket och fortsätt koka under omrörning i cirka 4 minuter tills såsen har reducerats och tjocknat.

kycklingpaket

för 4 personer

8 oz/225 g kyckling

30 ml/2 msk risvin eller torr sherry

30 ml/2 matskedar sojasås

vaxpapper eller pergamentpapper

30 ml/2 matskedar jordnötsolja (jordnötter)

frityrolja

Skär kycklingen i 5 cm/2 tärningar. Blanda vin eller sherry och soja, häll över kycklingen och blanda väl. Täck över och låt stå i 1 timme, rör om då och då. Skär papperet i 10 cm/4in fyrkanter och pensla med olja. Låt kycklingen rinna av väl. Lägg ett pappersark på din arbetsyta med ena hörnet mot dig. Lägg en kycklingbit i kvadraten strax under mitten, vik över det nedre hörnet och vik igen för att omsluta kycklingen. Vik sidorna och vik sedan ned det övre hörnet för att säkra paketet. Hetta upp oljan och stek kycklingpaketen i ca 5 minuter tills de är genomstekta. Servera varm i foliepaket så att gästerna kan öppna dem.

Jordnötskyckling

för 4 personer

8 oz/225 g kyckling, tunt skivad

1 äggvita, lätt vispad

10 ml/2 tsk majsmjöl (majsstärkelse)

45 ml/3 msk jordnötsolja

1 vitlöksklyfta, krossad

1 skiva ingefära, hackad

2 hackade purjolökar

30 ml/2 matskedar sojasås

15 ml/1 msk risvin eller torr sherry

4 oz/100 g rostade jordnötter

Kasta kycklingen med äggvitan och majsmjöl tills den är väl täckt. Hetta upp hälften av oljan och fräs kycklingen tills den är gyllenbrun, ta sedan ut den från pannan. Hetta upp den återstående oljan och fräs vitlöken och ingefäran tills den är mjuk. Tillsätt purjolöken och fräs tills den fått lite färg. Tillsätt sojasås och vin eller sherry och låt sjuda i 3 minuter. Lägg tillbaka kycklingen i pannan med jordnötterna och låt puttra tills den är genomvärmd.

Jordnötssmör Kyckling

för 4 personer

4 kycklingbröst, skurna i tärningar

salt och nymalen peppar

5 ml/1 tsk pulver med fem kryddor

45 ml/3 msk jordnötsolja

1 hackad lök

2 morötter, tärnade

1 stjälk selleri, tärnad

300 ml/½ pt/1 ¼ kopp kycklingfond

10 ml/2 tsk tomatpuré (pasta)

4 oz/100 g jordnötssmör

15 ml/1 msk sojasås

10 ml/2 tsk majsmjöl (majsstärkelse)

nypa farinsocker

15 ml/1 msk hackad gräslök

Krydda kycklingen med salt, peppar och femkryddspulver. Hetta upp oljan och fräs kycklingen tills den är mjuk. Ta bort från formen. Tillsätt grönsakerna och stek tills de är mjuka men fortfarande knapriga. Blanda buljongen med resten av ingredienserna förutom gräslöken, rör ner i pannan och låt koka upp. Lägg tillbaka kycklingen i pannan och värm upp igen under omrörning. Servera strö över socker.

kyckling med ärtor

för 4 personer

60 ml/4 msk jordnötsolja

1 hackad lök

1 pund / 450 g tärnad kyckling

salt och nymalen peppar

100g/4oz ärter

2 stjälkar selleri, hackade

4 oz/100 g svamp, hackad

250 ml/8 fl oz/1 kopp kycklingbuljong

15 ml/1 msk majsmjöl (majsstärkelse)

15 ml/1 msk sojasås

60 ml/4 msk vatten

Hetta upp oljan och fräs löken tills den fått lite färg. Tillsätt kycklingen och stek tills den får färg. Krydda med salt och peppar och tillsätt ärtorna, sellerin och svampen och blanda väl. Tillsätt fonden, låt koka upp, täck över och låt sjuda i 15 minuter. Blanda majsmjöl, soja och vatten till en pasta, lägg i pannan och låt sjuda under omrörning tills såsen tunnar ut och tjocknar.

Pekingese kyckling

för 4 personer

4 portioner kyckling

salt och nymalen peppar

5 ml/1 tsk socker

1 vårlök (grön lök), hackad

1 skiva ingefära, hackad

15 ml/1 msk sojasås

15 ml/1 msk risvin eller torr sherry

15 ml/1 msk majsmjöl (majsstärkelse)

frityrolja

Lägg kycklingportionerna i en grund skål och strö över salt och peppar. Blanda socker, vårlök, ingefära, soja och vin eller sherry, gnugga kycklingen, täck och låt marinera i 3 timmar. Låt kycklingen rinna av och strö över majsmjöl. Hetta upp oljan och stek kycklingen tills den är gyllenbrun och genomstekt. Låt rinna av väl före servering.

peppar kyckling

för 4 personer

60 ml/4 matskedar sojasås

45 ml/3 msk risvin eller torr sherry

45 ml/3 matskedar majsmjöl (majsstärkelse)

1 pund/450 g mald kyckling (malen)

60 ml/4 msk jordnötsolja

2,5 ml/½ tesked salt

2 vitlöksklyftor, krossade

2 röda paprikor, skurna i tärningar

1 grön paprika, skuren i tärningar

5 ml/1 tsk socker

300 ml/½ pt/1¼ kopp kycklingfond

Blanda hälften av sojasåsen, hälften av vinet eller sherryn och hälften av majsmjölet. Häll över kycklingen, rör om väl och låt marinera i minst 1 timme. Hetta upp hälften av oljan med salt och vitlök tills vitlöken är lätt gyllene. Tillsätt kycklingen och marinaden och fräs i cirka 4 minuter tills kycklingen blir vit, ta sedan bort från pannan. Tillsätt resten av oljan i pannan och bryn paprikan i 2 minuter. Tillsätt sockret i kastrullen med resterande sojasås, vin eller sherry och majsmjöl och blanda väl. Tillsätt fonden, låt koka upp och låt sjuda under omrörning tills såsen tjocknar. Lägg tillbaka kycklingen i pannan, täck och låt sjuda i 4 minuter tills kycklingen är genomstekt.

Kyckling stekt med paprika

för 4 personer

1 kycklingbröst, tunt skivad

2 skivor ingefära, hackad

2 salladslökar (grön lök), hackad

15 ml/1 msk majsmjöl (majsstärkelse)

30 ml/2 msk risvin eller torr sherry

30 ml/2 msk vatten

2,5 ml/½ tesked salt

45 ml/3 msk jordnötsolja

4 oz/100 g vattenkastanjer, skivade

1 röd paprika, skuren i strimlor

1 grön paprika, skuren i strimlor

1 gul paprika, skuren i strimlor

30 ml/2 matskedar sojasås

120 ml/4 fl oz/½ kopp kycklingbuljong

Lägg kycklingen i en skål. Blanda ingefära, vårlök, majsmjöl, vin eller sherry, vatten och salt, tillsätt kycklingen och låt stå i 1 timme. Hetta upp hälften av oljan och fräs kycklingen tills den fått lite färg, ta sedan ut den från pannan. Hetta upp den återstående oljan och stek vattenkastanjerna och paprikan i 2 minuter. Tillsätt sojasås och fond, låt koka upp, täck och låt sjuda i 5 minuter tills grönsakerna är mjuka. Lägg tillbaka kycklingen i pannan, blanda väl och värm upp försiktigt innan servering.

kyckling och ananas

för 4 personer

30 ml/2 matskedar jordnötsolja (jordnötter)

5 ml/1 tsk salt

2 vitlöksklyftor, krossade

1 pund/450 g benfri kyckling, tunt skivad

2 lökar, skivade

4 oz/100 g vattenkastanjer, skivade

4 oz/100 g ananasbitar

30 ml/2 msk risvin eller torr sherry

450 ml/¾ kopp/2 koppar kycklingbuljong

5 ml/1 tsk socker

nymalen peppar

30 ml/2 matskedar ananasjuice

30 ml/2 matskedar sojasås

30 ml/2 matskedar majsmjöl (majsstärkelse)

Hetta upp olja, salt och vitlök tills vitlöken är lätt brynt. Tillsätt kycklingen och fräs i 2 minuter. Tillsätt lök, vattenkastanjer och ananas och fräs i 2 minuter. Tillsätt vin eller sherry, fond och socker och smaka av med peppar. Koka upp, täck och koka på låg värme i 5 minuter. Blanda ananasjuice, sojasås och majsmjöl. Lägg i pannan och låt sjuda under omrörning tills såsen tjocknar och klarnar.

Ananas och litchi kyckling

för 4 personer

30 ml/2 matskedar jordnötsolja (jordnötter)

8 oz/225 g kyckling, tunt skivad

1 skiva ingefära, hackad

15 ml/1 msk sojasås

15 ml/1 msk risvin eller torr sherry

7 oz/200 g konserverade ananasbitar i sirap

7 oz/200 g konserverad litchi i sirap

15 ml/1 msk majsmjöl (majsstärkelse)

Hetta upp oljan och stek kycklingen tills den får färg. Tillsätt sojasås och vin eller sherry och blanda väl. Mät upp 8 fl oz/250 ml/1 kopp ananas-litchi-blandningssirap och reservera 2 msk/30 ml. Tillsätt resten i pannan, låt koka upp och låt puttra i några minuter tills kycklingen är mör. Tillsätt ananasbitarna och litchierna. Kombinera majsmjölet med den reserverade sirapen, rör ner i pannan och låt sjuda under omrörning tills såsen tunnar ut och tjocknar.

kyckling med fläsk

för 4 personer

1 kycklingbröst, tunt skivad

4 oz/100 g magert fläsk, tunt skivat

60 ml/4 matskedar sojasås

15 ml/1 msk majsmjöl (majsstärkelse)

1 äggvita

45 ml/3 msk jordnötsolja

3 skivor ingefära rot, hackad

2 oz/50 g bambuskott, skivade

8 oz/225 g svamp, skivad

8 oz/225 g krossade porslinsblad

120 ml/4 fl oz/½ kopp kycklingbuljong

30 ml/2 msk vatten

Blanda kycklingen och fläsket. Blanda sojasås, 5ml/1 tsk majsmjöl och äggvita och rör ner i kyckling och fläsk. Låt vila i 30 minuter. Hetta upp hälften av oljan och stek kycklingen och fläsket tills de fått lite färg, ta sedan ur pannan. Hetta upp den återstående oljan och stek ingefära, bambuskott, svamp och kinesiska blad tills de är väl täckta med olja. Tillsätt buljongen och låt koka upp. Lägg tillbaka kycklingblandningen i pannan, täck över och låt sjuda i ca 3 minuter tills köttet är mört. Blanda resterande majsmjölspasta med vattnet, rör ner i såsen och låt sjuda under omrörning tills såsen tjocknar. Servera omedelbart.

Stuvad kyckling med potatis

för 4 personer

4 bitar kyckling

45 ml/3 msk jordnötsolja

1 lök, skivad

1 vitlöksklyfta, krossad

2 skivor ingefära, hackad

450 ml/¾ pt/2 koppar vatten

45 ml/3 msk sojasås

15 ml/1 msk farinsocker

2 potatisar, i tärningar

Skär kycklingen i 5 cm/2 bitar. Hetta upp oljan och fräs lök, vitlök och ingefära tills de fått lite färg. Tillsätt kycklingen och stek tills den fått lite färg. Tillsätt vatten och sojasås och låt koka upp. Tillsätt sockret, lock och låt sjuda i cirka 30 minuter. Lägg till potatisen i pannan, täck över och låt sjuda i ytterligare 10 minuter tills kycklingen är mör och potatisen kokt.

Femkrydd kyckling med potatis

för 4 personer

45 ml/3 msk jordnötsolja

1 pund/450 g kyckling, skuren i bitar

salt

45 ml/3 msk gul bönpasta

45 ml/3 msk sojasås

5 ml/1 tsk socker

5 ml/1 tsk pulver med fem kryddor

1 potatis, tärnad

450 ml/¾ kopp/2 koppar kycklingbuljong

Hetta upp oljan och fräs kycklingen tills den fått lite färg. Strö över salt, tillsätt sedan bönpasta, sojasås, socker och pulver med fem kryddor och fräs i 1 minut. Tillsätt potatisen och blanda väl, tillsätt sedan fonden, låt koka upp, täck och låt sjuda i cirka 30 minuter tills den är mjuk.

Röd kokt kyckling

för 4 personer

1 pund/450 g kyckling, skivad

120 ml/½ kopp sojasås

15 ml/1 matsked socker

2 skivor ingefära, finhackad

90 ml/6 matskedar kycklingfond

30 ml/2 msk risvin eller torr sherry

4 vårlökar (grön lök), skivade

Lägg alla ingredienser i en kastrull och låt koka upp. Täck över och låt sjuda i cirka 15 minuter tills kycklingen är genomstekt. Ta av locket och låt sjuda i cirka 5 minuter, rör om då och då, tills såsen har tjocknat. Servera beströdd med gräslök.

Kyckling köttbullar

för 4 personer

8 oz/225 g malet kycklingkött (malet)

3 vattenkastanjer, hackade

1 vårlök (grön lök), hackad

1 skiva ingefära, hackad

2 äggvitor

5 ml/2 tsk salt

5 ml/1 tsk nymalen peppar

120 ml / 4 fl oz / ½ kopp jordnötsolja

5 ml/1 tsk hackad skinka

Blanda kycklingen, kastanjerna, hälften av vårlöken, ingefäran, äggvitan, salt och peppar. Forma till små bollar och tryck till platt. Hetta upp oljan och stek köttbullarna gyllenbruna, vänd en gång. Servera beströdd med resterande vårlök och skinka.

saltad kyckling

för 4 personer

30 ml/2 matskedar jordnötsolja (jordnötter)

4 bitar kyckling

3 salladslökar (grön lök), hackad

2 vitlöksklyftor, krossade

1 skiva ingefära, hackad

120 ml/½ kopp sojasås

30 ml/2 msk risvin eller torr sherry

30 ml/2 msk farinsocker

5 ml/1 tsk salt

375 ml/13 fl oz/1½ kopp vatten

15 ml/1 msk majsmjöl (majsstärkelse)

Hetta upp oljan och stek kycklingbitarna gyllenbruna. Tillsätt vårlöken, vitlöken och ingefäran och fräs i 2 minuter. Tillsätt sojasås, vin eller sherry, socker och salt och blanda väl. Tillsätt vattnet och låt koka upp, täck över och låt sjuda i 40 minuter. Blanda majsmjölet med lite vatten, rör ner i såsen och låt sjuda under omrörning tills såsen tunnar ut och tjocknar.

Kyckling med sesamolja

för 4 personer

90 ml/6 matskedar jordnötsolja (jordnötter)

60 ml/4 msk sesamolja

5 skivor ingefärarot

4 bitar kyckling

600 ml/1 pt/2½ koppar risvin eller torr sherry

5 ml/1 tsk socker

Hetta upp oljorna och stek ingefära och kyckling tills de fått lite färg. Tillsätt vinet eller sherryn och smaka av med socker, salt och peppar. Koka upp och låt puttra utan lock tills kycklingen är mör och såsen har reducerats. Servera i skålar.

Sherry kyckling

för 4 personer

30 ml/2 matskedar jordnötsolja (jordnötter)

4 bitar kyckling

120 ml/½ kopp sojasås

500 ml/17 fl oz/2¼ koppar risvin eller torr sherry

30 ml/2 matskedar socker

5 ml/1 tsk salt

2 vitlöksklyftor, krossade

1 skiva ingefära, hackad

Hetta upp oljan och stek kycklingen tills den är gyllenbrun på alla sidor. Häll av överflödig olja och tillsätt alla resterande ingredienser. Koka upp, täck och låt sjuda i 25 minuter på ganska hög värme. Sänk värmen och låt sjuda i ytterligare 15 minuter tills kycklingen är genomstekt och såsen har reducerats.

Sojasås Kyckling

för 4 personer

12 oz/350 g tärnad kyckling

2 salladslökar (grön lök), hackad

3 skivor ingefära rot, hackad

15 ml/1 msk majsmjöl (majsstärkelse)

30 ml/2 msk risvin eller torr sherry

30 ml/2 msk vatten

45 ml/3 msk jordnötsolja

60 ml/4 msk tjock sojasås

5 ml/1 tsk socker

Kombinera kyckling, salladslök, ingefära, majsstärkelse, vin eller sherry och vatten och låt stå i 30 minuter, rör om då och då. Hetta upp oljan och fräs kycklingen i ca 3 minuter tills den fått lite färg. Tillsätt sojasås och socker och fräs i ca 1 minut tills kycklingen är genomstekt och mör.

Kryddig bakad kyckling

för 4 personer

150 ml/¼ pt/½ kopp generös sojasås

2 vitlöksklyftor, krossade

2 oz/50 g/¼ kopp farinsocker

1 lök, finhackad

30 ml/2 msk tomatpuré (pasta)

1 citronklyfta, hackad

1 skiva ingefära, hackad

45 ml/3 msk risvin eller torr sherry

4 stora kycklingbitar

Blanda alla ingredienser utom kycklingen. Lägg kycklingen i en ugnsform, häll över blandningen, täck över och låt marinera över natten, tråckla då och då. Grädda kycklingen i en förvärmd ugn vid 180°C/350°F/gasnivå 4 i 40 minuter, vänd och tråckla då och då. Ta av locket, öka ugnstemperaturen till 200°C/400°F/gasnivå 6 och tillaga i ytterligare 15 minuter tills kycklingen är genomstekt.

för 4 personer

100 g mald kyckling

15 ml/1 msk hackat skinkfett

6 fl oz/175 ml/¾ kopp kycklingbuljong

3 äggvitor, lätt vispade

salt

5 ml/1 tsk vatten

1 pund/450 g spenat, finhackad

5 ml/1 tesked majsmjöl (majsstärkelse)

45 ml/3 msk jordnötsolja

Blanda kyckling, skinkfett, 150 ml/¼ kopp/½ kopp kycklingfond, äggvita, 5 ml/1 tsk salt och vatten. Blanda spenaten med resterande buljong, en nypa salt och majsstärkelsen utblandad med lite vatten. Hetta upp hälften av oljan, tillsätt spenatblandningen i pannan, rör hela tiden på låg värme tills den är genomvärmd. Överför till ett varmt serveringsfat och håll varmt. Hetta upp den återstående oljan och stek matskedarna av kycklingblandningen tills den är curlad och vit. Lägg på spenaten och servera genast.

Marinerat fläsk med kål

för 4 personer

12 oz/350 g fläskmage

2 salladslökar (grön lök), hackad

1 skiva ingefära, hackad

1 st kanel

3 stjärnanis nejlikor

45 ml/3 msk farinsocker

600ml/1pt/2½ koppar vatten

15 ml/1 msk jordnötsolja

15 ml/1 msk sojasås

5 ml/1 tsk tomatpuré (pasta)

5 ml/1 tsk ostronsås

100 g/4 oz kinakålshjärtan

100 g/4 oz bok choy

Skär fläsket i 10 cm/4 tums bitar och lägg dem i en skål. Tillsätt gräslök, ingefära, kanel, stjärnanis, socker och vatten och låt stå i 40 minuter. Hetta upp oljan, ta bort fläsket från marinaden och tillsätt det i pannan. Stek tills de fått lite färg, tillsätt sedan sojasås, tomatpuré och ostronsås. Koka upp och låt puttra i ca 30 minuter tills fläsket är mört och vätskan minskat, tillsätt eventuellt lite mer vatten under tillagningen.

Ångkoka under tiden kålhjärtan och bok choy i kokande vatten i cirka 10 minuter tills de är mjuka. Lägg dem på ett varmt serveringsfat, täck med fläsk och häll över såsen.

www.ingramcontent.com/pod-product-compliance
Lightning Source LLC
Chambersburg PA
CBHW071616030726

47598CB00001B/296